新文科教学案例精选

Collection of Cases

主编 ○ 何波 宋加山

西南财经大学出版社
Southwestern University of Finance & Economics Press

中国·成都

图书在版编目(CIP)数据

新文科教学案例精选/何波,宋加山主编.--成都:
西南财经大学出版社,2024.11.--ISBN 978-7-5504-6267-0

Ⅰ.G642

中国国家版本馆 CIP 数据核字第 20242SN257 号

新文科教学案例精选

XIN WENKE JIAOXUE ANLI JINGXUAN

主编　何波　宋加山

责任编辑:陈何真璐
责任校对:石晓东
封面设计:何东琳设计工作室
责任印制:朱曼丽

出版发行	西南财经大学出版社(四川省成都市光华村街55号)
网　　址	http://cbs.swufe.edu.cn
电子邮件	bookcj@swufe.edu.cn
邮政编码	610074
电　　话	028-87353785
照　　排	四川胜翔数码印务设计有限公司
印　　刷	成都国图广告印务有限公司
成品尺寸	170 mm×240 mm
印　　张	10.75
字　　数	168 千字
版　　次	2024 年 11 月第 1 版
印　　次	2024 年 11 月第 1 次印刷
书　　号	ISBN 978-7-5504-6267-0
定　　价	69.80 元

序

　　加强案例建设，是针对我国改革开放伟大实践，开展学理性探究、理论性构建，推动学科发展、学术繁荣，促进人才培养模式改革和教学体系、教材体系建设的重要举措和有效途径。开发案例，并以案例为媒推动教学创新，是经管学科学用结合的最真切体现。

　　基于以上认识，从 2007 年开始，全国工商管理硕士（MBA）教育指导委员会在全国范围内大规模开展案例采编与入库工作，为全国大规模地开展案例学科建设、案例教学与基于案例的研究奠定了重要基础。显然，与企业深度融合、从中获得鲜活的案例事实并编写成反映中国企业最佳实践的案例，是案例学科建设、案例教学与科学研究的基石，是培养高规格的 MBA 学员能力的重要内容，是向世界提供和展示中国智慧和中国解决方案的绝佳载体，也是一个商学院能够立足中国国情，开展高水平人才培养、科学研究和社会服务的重要依据。从这个意义上说，哪个商学院重视案例，哪个商学院就更有可能成为被学员和社会认可的商学院。

　　2009 年 6 月，经国务院学位办批准，西南科技大学入列第八批工商管理硕士（MBA）培养单位。2011 年，为推动 MBA 教育发展，西南科技大学经济管理学院成立案例中心，并明确要求，要把案例开发和建设作为重中之重。2012 年，我和多位专家受邀来到西南科技大学分享案例建设的经验。这一趟出行让我至今印象深刻，从大连到绵阳，我基本花了 12 个小时。但是到了西南科技大学，我却被老师们热情似火和渴求学习的态度感动了。他们不知道"案例"到底应该是什么样的，就不断要求专家教授来讲学分享，所有的案例会议都有他们学习的身影。

从 2011 年西南科技大学经济管理学院案例中心成立以来，老师们带领团队深入企业调研，聚焦企业发展难点、痛点、转折点，探究企业发展的原动力，开发出一篇又一篇高质量案例，把中国企业的故事写入教材、引入课堂，并以案例开发为契机和桥梁，推动教学创新实践和校企合作。2017 年，全国 MBA 培养学校管理学院院长联席会议上，教育部原副部长，时任国家自然科学基金委员管理科学部主任、MBA 专业教育指导委员会主任委员吴启迪点名表扬西南科技大学在西部高校案例建设工作中取得的优异成绩。截至 2023 年，学校共有 25 篇案例入选"百篇优秀管理案例"。学校现共有 170 余篇案例入库国内各大案例库，"人力资源开发与管理"课程获得首届"全国管理案例教学精品课"。学生通过案例赋能成长，成果也可圈可点，获得了全国管理案例精英赛全国亚军和季军。案例建设经验在 50 余所高校分享。

本书正是西南科技大学案例建设成果的部分写照。本书所选取的 15 篇案例聚焦当前中国工商企业管理的现实情境，兼顾时代性和现实性，以人力资源管理、战略管理、运营管理、市场营销等模块为框架，以本土企业管理实践为内容，以启发思考题为引导，供分析案例之用。

新文科建设提出以来，西南科技大学高度重视新文科建设，坚持正确政治方向和价值导向，聚焦人才培养，回应新需求、促进新融合。学校始终坚持以习近平新时代中国特色社会主义思想为引领，通过校企协同，以案例为抓手，研究中国经济管理问题，讲好中国本土故事，积极构建新文科人才培养体系，为全国新文科建设提供了落地实践案例。

以案例为媒，承传行践，西南科技大学经济管理学院一直在奋斗的路上！

大连理工大学经济管理学院教授　苏敬勤

2024 年 4 月 1 日

前言

　　西南科技大学经济管理学院高度重视新文科建设，秉持正确政治方向和价值导向，聚焦人才培养，回应社会经济发展的新需求，促进产教研学的新融合。学院通过强化校企协同，以案例为抓手，立足中国经济管理实践，讲好中国本土故事，积极构建三全育人的新文科人才培养体系，为全国新文科建设提供了落地实践样例。

　　《新文科教学案例精选》围绕人力资源管理、市场营销、项目管理、战略管理、运营管理等工商管理核心课程的相关知识点，收录了 15 篇案例。每篇案例都是基于近年发生的真实事件，通过管理情境的再现，帮助阅读者深入了解各类企业不同的决策场景，回归管理理论，实现了有理论意识地讲故事和用故事诠释理论的有效融合。

　　在此，对所收录的 15 篇案例的作者表示诚挚的谢意，感谢你们的辛勤付出，正是你们的辛勤付出使得本书能得以汇聚成册。同时，本书的编撰及出版还得到了西南科技大学经济管理学院的大力支持，特此一并致谢。还要特别感谢西南科技大学金融专硕的毕业生、现电子科技大学成都学院苏铃麟老师，在持续两年的过程中细致地收集资料、校对信息、修改格式，为本书的出版付出了巨大的努力。

编者

2024 年 11 月

目录

难事易成：铁骑力士集团大凉山产业扶贫之路①

本案例适用于战略管理、企业社会责任等课程。案例以四川铁骑力士实业有限公司（以下简称"铁骑力士集团"）应邀赴凉山彝族自治州（以下简称"凉山州"）参与产业扶贫为题，以受邀—考察—决策—战斗—收获为主线，呈现三对矛盾："面对地方主要领导人的邀约，该采取什么策略？""面对凉山州的发展难题，公司管理层能否达成一致？""面对'拦路虎'，执行团队如何过关斩将？"案例还描述了铁骑力士集团通过"模式助力"赋能，解决资源困境、观念困境和技术困境，最终收获"农民的微笑"的过程。希望这个案例使学习者充分认识到在企业发展中，挑战和机遇是并存的，要善于在挑战中发现机遇，要敢于在困境中寻求突破，并深刻理解"难事易成——勇气和信心是所向披靡的"。

"脱贫攻坚本来就是一场硬仗，而深度贫困地区脱贫攻坚是这场硬仗中的硬仗。"

——习近平

---

① 本案例由西南科技大学经济管理学院何波、西南财经大学会计学院冯源、西南科技大学经济管理学院张宏亮、绵阳日报社李俊、西南科技大学研究生何倩共同撰写，经中国管理案例共享中心授权使用。由于企业保密的要求，本案例对有关名称、数据等做了必要的掩饰性处理。本案例创作于2021年5月，案例中数据和信息均截至该时间点。本案例只供课堂讨论之用，并无意暗示或说明某种管理行为是否有效。

一、引言：来自大凉山的邀请函

2018年7月18日7点30分，正在晨读的铁骑力士集团董事长雷文勇接到电话，时任四川省凉山彝族自治州委书记林书成盛情邀请他到凉山"看一看"，并欢迎他和他的企业在凉山州进行产业投资。

这通电话打断了雷文勇的晨读，让他陷入了沉思。

作为政协委员，雷文勇在每一次政协会议上提交的提案几乎都和脱贫攻坚、乡村振兴有关。作为国家农业产业化龙头企业，铁骑力士集团的产业布局也一直以"三农"为重点，以探索助农增收新模式，收获"农民的微笑"为己任。

然而，传说中的大凉山对雷文勇来说是如此"遥远"，几乎从未出现在他的投资视野里。但他知道那里是一方热土。

凉山深处，一场声势浩大的脱贫攻坚战正如火如荼地开展，从对口帮扶到产业开发，从教育扶贫到人才扶智，一个又一个战场开辟出来，一支又一支扶贫大军开进了大凉山。

那么，在这场攻坚战中，铁骑力士集团能否有所作为？如何作为？野性粗砺的大凉山与铁骑力士集团"高端食品领导者"的战略方向能否找到契合之处？

这通电话既是邀请函，也是挑战书。

雷文勇决定亲自到凉山州走一趟。

二、胆大心细——勇上凉山不为客

2018年7月下旬，雷文勇来到大凉山，用脚丈量这片土地，亲眼去看，亲耳去听，亲身去感受。

他带领团队拜访党委政府，与社会各界广泛交流，走进大山深处访问农家，走进学校聆听书声。一年内他们三进三出大凉山，把这方山水看在眼里，记在心里。

2018 年 10 月，雷文勇召集董事会成员召开了一场关于大凉山产业发展的专项分析会。在会上，雷文勇提出"千里挺进大凉山"，用铁骑力士集团成熟的产业模式攻坚大凉山发展之困，以"铁骑"之利攻克大凉山深度贫困之坚。

对这个提议，董事会成员一致反对。

有成员说："凉山太穷了，2016 年媒体报道了凉山州的悬崖村，交通情况非常不好，文盲率也相当高。"有成员说："尽社会责任不是不可以，但是不能不顾企业的发展、赔钱做。"还有成员说："听说凉山的社会环境不好，观念落后，社会秩序也不理想。"……

面对大家的质疑，雷文勇说道："今年，我三次深入大凉山腹地，亲自去看了悬崖村，访了农户，逛了他们的小市场，去了当地的小学，我看到的、感受到的，和你们坐在屋子里面听到、想象到的完全不一样！我来告诉你们我看到的大凉山，那里的人善良淳朴、热情好客，那里自然环境优美，资源丰富，还有深厚的彝族文化。进入凉山州的大企业很少，因为他们都像你们一样，被听到的困难吓倒了，这却是我们的机会。"

"这件事不仅是一个商业的事，也是一个社会的事情。"雷文勇接着说，"创业精神是铁骑力士的基因，创新和创造是铁骑人的使命。从 3.5 万元到一百亿元，从 6 个人到 2 万人，这些成果都不是从天上掉下来的，是我们披荆斩棘干出来的。事情越难，越值得我们去挑战！"

集团总裁冯光德立刻回应说："我们的'1211'代养模式在三台县的实践已经带来了农户的获利和公司的获益，可以考虑把这种模式移植到凉山去。"

提到代养模式，雷文勇会心一笑，说道："凉山州林书成书记，也正式邀请我们深化合作，希望政企携手将'大凉山'农产品品牌做大做强。铁骑力士进入大凉山，是要发展事业，就是要在整体上创造更多的价值，降低整个社会的成本！而不是紧守着固有的思路。从这个角度而言，去凉山投资就是我们的一条命，是集团未来的战略……"

雷文勇的勇气和信心感染了大家，董事会决定，先干起来——由集团总裁冯光德牵头，搭建铁骑力士集团凉山地区战略发展小组，对项目进行研讨、论证、谋划，并形成报告，提交董事会。战略小组组织技术专家深入凉山考察，组织企业各个层面开展讨论，并听取意见，最后形成了资料丰富翔实、分析研判科学的《铁骑力士凉山战略》。

有了这份战略，大家对"挺进大凉山"有了共识。2018年11月，铁骑力士集团与凉山州人民政府签订了《220万头生猪养殖园区项目战略合作协议》，与会东县人民政府签订了《22万头生猪项目投资协议》，与喜德县人民政府签订了《30万头生猪现代循环产业发展投资项目投资协议》；铁骑力士集团凉山公司成立，从其他分公司抽调的精兵强将也陆续到位，大家摩拳擦掌，准备大干一场。他们知道，前方还有数不清的困难在等待着他们，但这些困难将成为他们前行路上的标记和注脚。

铁骑力士集团凉山产业扶贫之路由此开启。

三、大显身手——千里挺进大凉山

（一）力破难关——怒斩"拦路虎"

选址是铁骑力士凉山项目遇到的第一只"拦路虎"。

现代化规模养殖，一个标准的养猪场需要满足大块平地、基础交通、通水通电等基本条件。这些条件在一般的平坝地区或是浅丘地带很容易满足，然而在地处横断山脉的凉山谈何容易。

项目团队在1个月内先后考察了129块场地，只有不到20个场地基本符合条件。

解决了场地问题，又面临着特殊地理条件带来的技术难题。喜德县是铁骑力士凉山项目的突破口之一。这里最高海拔约4500米，在高寒高海拔地区养猪最大的困难就是保暖与通风的平衡问题。代养户杜勇说："喜德县城一带养猪都不会死，但是一到山上，只要稍微一冷，马上就死很多头。海拔太高了，氧含量低，并且圈舍窗户开多了温度不够，窗户开少了氨气又太重，根本没办法。"

要找到保暖与通风的平衡点，就需要基础数据。这个数据只能靠老老实实地测量。公司的人、猪场的人，大家都形成一条战线，来面对这个问题。大家轮班，全天24小时不间断，每小时测量并记录一次，在每天中午

12点交班时，用30分钟，大家一起坐下来讨论数据。最辛苦的是晚上，每个小时都需要起来坚持记录，尤其是到了后半夜，又冷又困，谁都不想钻出被窝，但每次听到呼叫，值班的人都一咕噜就爬起来。

作为铁骑力士集团的首席技术官，冯光德带领团队将遇到的问题一一记下，并组织"冯光德实验室"的技术人员讨论解决方案。经过冯光德实验室的技术攻关，公司逐步摸索出了高海拔地区养猪的初步技术方案。

除了技术上的难题，工作中的困难更表现在观念上的碰撞。铁骑力士集团凉山州区域负责人刘寅少说："在喜德最大的一个阻碍是人们意识上的，从粗放式过渡到高标准的养猪，人们从心理上去接受需要很长的时间。"铁骑力士集团项目团队在喜德县刚开始推"1211"代养模式的时候，村民们都觉得不切实际。大家都习惯了传统的养殖，在自己家养三四头猪，一听铁骑力士集团要养22万头或是30万头都觉得他们在瞎"忽悠"。铁骑力士喜德公司代养部经理沈洛阳回忆，当他在洛哈镇物色第一个大户格衣尔洛时，对方根本不信，自己只好连续两个月跟着他"软磨硬泡"，直到公司的代养场建起来，他才同意试试。但是，很多代养户就算同意试试，实际操作起来也让公司员工"大跌眼镜"。会东区域负责人李云阳说："我们会东的第一个代养户，叫缪祥旭。他做的任何一件事情都说'差不多'，鲁迅有一篇散文，叫《差不多先生》，我就喊他'差不多先生'，后来升级成'差总'。修圈的时候，他可以把料槽的一根直线修成S形线，然后说，差不多了，可以了。养猪的时候，包括一些后面的弱猪护理啊。本来一天打两针，然后他一天就打一针，他说差不多了，打了一针也好了，结果（猪）死了很大一部分。"

2019年2月，古木宜莫村代养场首批1700多头猪苗入栏，养殖户与公司签订委托养殖合同并交纳一定的保证金（300元/头，合同解除时退还保证金）。公司按照协议价将仔猪提供给饲养户，饲养过程中所需物料（饲料、药品、疫苗）等均由公司以记账方式统一提供，不再收取任何现金费用。公司提供"七统一"技术服务①，帮助饲养户做好生产管理，饲

---

① "七统一"技术服务即统一设计猪舍、统一提供猪苗、统一提供饲料、统一提供药品疫苗、统一标准化管理、统一合同价回收、统一品牌销售。

养户负责"四落实"①，严格按照公司的饲养管理技术规程进行饲养。同时，通过"新彝人讲习所"为代养户培训育种肥猪管理的关键措施等科学养殖方法，通过十二字方针"亲自干、带着干、指导干、监督干"，和代养户在一个猪场里面住一个月或两个月，有问题一起解决，不会干的手把手地教。"敲水管事件"让沈洛阳印象深刻："我们有个小水龙头会一直开着，保证水是流动的，（晚上）不结冰。那天晚上，一个饲养员把龙头关上了，晚上 10 点以后，水全部冻住了。这个水是供应猪的饮水，猪不可以 1 个小时不喝水。那天（晚上）12 点我们分成两组，一组接水拿去喂猪，一组顺着水管去理，找到冻的源头，一节一节敲冰，实在不行就直接换新水管，弄到早上 7 点。"沈洛阳笑着说这件事过后，养殖户心里觉得公司一直和他在一起奋斗，从心里开始认同公司。

谁也没想到，"黑天鹅"不期而至。一场席卷全国养殖行业的非洲猪瘟突然来袭。项目刚刚开始就遇上这样的"大事件"，这无疑是一个严峻的考验。

李云阳回忆说，"拉回来的每车猪必须直接进入 21 天的静默期管理，一车猪关一栋圈，一个人在里面住，吃喝拉撒全在里面，并且 21 天猪圈里面的卫生全部不打扫。代养户直接对我们摇头，怎么可能，这个世界上怎么可能找到这种人？"李云阳说："公司的一个兄弟伙去执行这个事情。他们就做到和猪只隔了一个墙，基本上就是和猪同吃同住同睡，所有的吃住行用全部是外面配送过去，吃喝拉撒全部在猪场里面解决，累倒了就直接睡在猪饲料上面。通过这 21 天的静默期管理，把区域的非洲猪瘟防控住了。21 天过后，代养户对我们是佩服得五体投地。他们更愿意相信我们这个团队，相信我们这个公司能够给养殖户带来持续稳定的收益。"

（二）打井浇田——勇闯产业路

铁骑力士集团依托"1211"代养模式，在喜德县探索"1+8"能人带动扶贫模式，形成"政府政策引导、企业产业引领、高校技术和人才支撑、村集体资金参股、骨干率先带头、农户积极跟进、金融机构等社会资

---

① "四落实"即落实圈舍新建或改造、落实家庭劳动力、落实保证金缴纳、落实饲养责任。

源助力"乡村振兴模式。

大凉山的喜德县，占地 350 多亩①的扩繁场整齐排列在一面山坡上，在大山里显得十分抢眼。县级涉农资金、广东佛山援建、喜德农旅投公司联合投资 1.5 亿元建立扩繁场，建成后每年以 1000 万元的费用租赁给铁骑力士集团。扩繁场的外围一圈就是 75 个代养场，分别分布在周围半径 30 千米左右的乡镇上。在喜德县，大家把这种模式叫作"边打井边浇田"。政府出钱"打井"，龙头企业租赁管"井"，繁育出的"猪"就像活水，输送到周边 70 多个代养场的"田"，村集体、养猪大户和贫困户共同"耕田"，实现利益共享。30 千米外的洛哈镇古木宜莫村，就有一块"田"，这个代养场可同时养殖 2400 头猪。

"1+8 能人带动扶贫模式"实现了：四方协作、三方收益、两千出栏、带动一片。具体而言，四方协作——由铁骑力士集团带动、政府搭台、能人带头、银行支持；三方收益——养殖方获得养猪收入（贫困户获得分红，村集体获得分利、带头人获得利润），银行获得贷款利息，铁骑力士集团获得市场收益；两千出栏——每年每个代养户至少出栏两千头猪（年存栏一千）；带动一片——通过能人的带动效益，带动一片（村）的贫困户脱贫致富，带动生猪代养的成片发展。

铁骑力士集团的"打井浇田"模式，让 50 多岁的尔古木支（喜德县农业农村局总经济师）眼前一亮。在这个"老畜牧"看来，这种模式整合各个口线的支农资金，捆绑使用，聚指成拳，提高了支持力度。不是一次性给补助，而是租赁方式，更可持续。代养场建设给予适度的补助，撬动了民间资本参与，放大了政府资金效能。

（三）皆大欢喜——凉山深处绽笑颜

发展是为了富裕，努力是为了笑脸。重点扶持分红、代养收益分红和奖勤奖优分红等利益联结分配机制，让凉山深处绽放了张张笑脸，处处回荡着笑声。

2018 年，铁骑力士集团在喜德县贺波洛乡塔普村新建年出栏 1.3 万头

---

① 1 亩≈667 平方米。

自动喂料、自动清粪的现代化生猪代养场，建标准化猪舍 7600 平方米；代养场分红直接带动该村 60 户贫困户，户均年增收了 1000 元，带动务工就业 10 人，人均增收 3 万元；带动贺波洛乡塔普村村集体经济年均增收 3.65 万元以上。

吉克阿宏住在喜德县偏远、高寒的两河口镇。那里由于土地贫瘠，无法种植一些高价值的农产品，吉克阿宏家也因此常年处于贫困状态。在看到铁骑力士集团的生猪代养项目后，从未养过猪的吉克阿宏通过银行贷款筹钱，按照铁骑力士集团提供的猪舍设计方案，修建了一个年出栏 2000 头的养猪场。铁骑力士集团绵阳试验站冯站长亲自现场培训，讲解育种肥猪管理的关键措施，讲解如何批次化管理、免疫、饲喂等，并提供系统的饲养管理手册、非洲猪瘟综合防控手册等。每季度铁骑力士集团都会派技术人员到现场进行培训、讲座，实地解决养殖户在养猪过程中遇到的问题。当地服务站的技术服务人员随时响应养殖户代养过程中的任何问题，并直接提供上门技术指导。第一批代养出栏后，吉克阿宏本以为自己最多能够结算到 18 万元，毕竟自己没养好，市场上的猪价又只有 7 元多（比铁骑力士集团的合同计算价还低一点）。结果铁骑力士集团居然结算了 23 万余元给他。第二批他又进了 1000 头猪，饲养结束后结算了 43 万余元，除去人工、水电等一年下来净收入 30 多万元！吉克阿宏的养殖场带动贫困户 15 户，每户每年给他们分 3000 元，另外还请了 3 个贫困户在场内就业，既解决了吉克阿宏的贫困问题又解决了贫困户就地就业问题。吉克阿宏说："我从贫困户走向了带头人，忧虑的是怕自己管理不好给贫困户带不来好的收益。在这里深深感谢党委政府，感谢国家生猪产业技术体系，感谢四川铁骑力士公司及关心支持我的各位专家、领导，给予了我自我成长和成功的机会，现在再也不用外出奔波了！"

通过扶持吉克阿宏等一批贫困农民实现职业农民、技术管理人员、乡村产业带头人身份转换的案例在喜德县广泛推广。2020 年，生猪"代养点"在喜德县乡村振兴事业中多点并进，其中高山"代养点"辐射带动 5000 余户农户发展种植业 6729 亩，为乡村振兴贡献着产业牵引的持续力量。

洛哈镇木古宜莫村由 52 户贫困户每户贷款 5 万元，共计 260 万元入股合作社，带头人洛尔木干出资加上流动资金 60 余万元建成了年出栏 4000 余头的生猪代养场，政府按猪舍修建面积总共一次性补助 175 万余元。养殖过程中的代养方面的费用支出（即养殖过程成本）均由带头人洛尔木干承担，投资代养场的贫困户们不仅不用担心风险和费用支出，还能通过在代养场打扫卫生、给猪喂料等工作获取额外的收入。2019 年，投资洛哈镇木古宜莫村代养场的每户贫困户都获得了 3000 元的分红，利息和本金由洛尔木干按年与银行结算并归还，洛尔木干按年向村集体经济组织上缴利润剩余的 10%。其余部分利润结余为洛尔木干所有。随着这种方式在洛哈镇木古宜莫村试点成功，喜德县的其他养殖合作社的贫困户入股及分红和运行模式也参照这一方式进行复制和迭代。

四、大展宏图——宝剑锋从凉山出

"绿水青山就是金山银山"，铁骑力士集团经过多年实践摸索出了有机废污资源化利用路径——根据不同地区、不同季节的实际需求，将有机废污形成五大资源化产品，即沼气（能源提供）+沼液（土壤施肥）+干粪（土壤改良）+液肥（施肥+灌溉）+清水（旱季灌溉），再按照有机废污量配套相应面积的土地和果林，实现以沼气为纽带的"有机废污、沼、果（菜、粮）"能源生态循环经济模式，促进资源化利用和污染零排放。通过有计划有目的地配套设置沼气综合应用工程，将养殖过程中产生的沼气就近输送到村里农户的家中，实施沼气发电；将沼液通过管网排引到花椒、魔芋、中药材等种植业集中的田间地头，构建起种养循环利用、循环发展的经济融合模式。农户们不仅可以在生猪代养环节获得收益，还可以通过在蔬菜基地务工获取收入。2019 年，由生猪代养建设引导的种养结合模式，已经辐射带动 5000 余户农户发展种植业 6729 亩。

2019 年 6 月，由凉山州人民政府主办，铁骑力士集团承办的"凉山州产业发展暨乡村振兴研讨会"在西昌市召开，"喜德模式"在全州各县推广。

2020 年，铁骑力士集团在凉山州建设五大基地（会东、会理、喜德、布拖、宁南），共存栏母猪 3.5 万头，年出栏肥猪 87.5 万头；建设 454 个代养场，最大规模年出栏 1.5 万头，最小规模年出栏 2000 头，带动贫困户 2 万余户。

大凉山产业扶贫实践帮助雷文勇和铁骑力士集团确立了以社会责任为导向推动企业发展的战略。"喜德模式"已经在贵州铜仁、黑龙江青冈等多地"移植"成功。

通过对"喜德模式"的摸索，雷文勇总结出生态"优食谷"的商业组织理念——通过龙头企业的带动，利用"中台"思想，以生态、平台、算法为核心，构筑生态价值链，让终端用户和区域产业共同受益，打通贫困地区与外部区域的市场隔阂。

2020 年 8 月，雷文勇受邀以"生态战略——小企业 10 倍增长揭秘"为题，为全国工商联第五期民族地区小微企业经营者培训，在线收看人数达到 62708 人次。"坚持经济投入与社会价值产出并重，降低整个社会的总成本！"那么接下来，路要怎么走？雷文勇的心中已经有了答案。

【启发思考题】

1. 你的企业是否愿意到凉山州这样的地区去投资和发展？为什么？

2. 在故事"勇上凉山不为客"中，铁骑力士集团高层对去凉山州投资的态度如何？

3. 铁骑力士集团到大凉山发展产业，分别遇到了什么困境？如何解决的？

4. 铁骑力士集团的大凉山产业发展模式，如何实现从"送水"到"挖井"？

5. "喜德模式"为什么可以在贵州铜仁、黑龙江青冈等非贫困地区成功复制实施。如果你是雷文勇，下一步你还会怎么做？

铁骑力士集团的
人才生态系统"活化"之道①

　　本案例适用于管理学、组织行为学等课程。案例围绕四川铁骑力士实业有限公司（以下简称"铁骑力士集团"）筹备召开人力资源变革会议这一关键事件展开，描述了集团激活人才的各种做法。首先，介绍了铁骑力士集团的发展历程以及饲料行业人力资源的现状，引导学习者思考激励机制对于企业激活人才的作用和意义。其次，通过"民主评议会""冯光德实验室""何健方程式""基层员工创新"以及"5S红牌制度"等故事情节的穿插，帮助学习者掌握激励机制的构成要素和侧重于解释不同要素层次的激励理论体系。再次，通过几个故事的对比，引导学习者思考激活人才的不同认知态度，掌握不同认知态度下的制度性和非制度性激励手段。最后，通过集团董事长对人力资源变革会议推进企业孵化人才的情节描述，引导学习者辩证地思考类似铁骑力士集团这样从中小企业发展而来的集团公司，如何依据企业的内外部环境条件更为有效地激活人才。

---

　　① 本案例由西南科技大学经济管理学院张宏亮和何波共同撰写，经中国管理案例共享中心授权使用。由于企业保密的要求，本案例对有关名称、数据等做了必要的掩饰性处理。本案例创作于2016年5月，案例中数据和信息均截至该时间点。本案例只供课堂讨论之用，并无意暗示或说明某种管理行为是否有效。

一、引言

时值 2015 年深秋，这一日，一如往昔，铁骑力士集团的办公楼里，员工们井然有序地忙着手头的工作。集团董事长雷文勇踱着小方步，不时地与迎面而来的"小伙伴"们微笑着打招呼。明天就是铁骑力士集团人力资源变革会议召开的日子。集团上下，尤其是中高层，为了这次会议的顺利召开，已经筹备了大半年的时间。这次会议，也必将成为铁骑力士集团迈入成熟发展阶段的标志性会议。

不觉间，雷董事长走到了公司发展史的展厅门前，透过玻璃，那棵"时间树"再次映入了他的眼帘。一张张熟悉的面孔和一张张留在记忆中的青春回忆，不禁勾起了雷董事长的些许唏嘘。回想起 1992 年，自己受邓小平南方谈话鼓舞，怀揣仅有的 3.5 万元资金，和 5 名伙伴一起创业。一晃 23 年过去了，铁骑力士集团已经成为拥有 51 家分公司，员工 6000 余人的全国业内百强企业。这 23 年来，如果说有什么是令他感到自豪的，他觉得不是所坐拥的资产，而是这一批人，这一批追随他见证企业一步步成长的伙伴们。

在过去的 23 年中，铁骑力士集团走过了品牌、技术、战略多元化等多个阶段不断凝练竞争优势的道路。现如今，集团的进一步发展，需要不断培养行业拔尖人才，孵化自己的人力资源核心竞争力。人力资源变革会议的召开，就是这样一个契机，小伙伴们一定会再次绽放幸福的笑容。想到这里，雷董事长长舒了一口气，继续走向了自己的办公室。

二、公司背景

铁骑力士集团是国家级农业产业化重点龙头企业，主要包括饲料、食品、牧业三大事业部和国家级企业技术中心"冯光德实验室"，以及骑士学院。集团荣获"中国驰名商标""中国饲料行业具有竞争力十大品牌""全国优秀畜牧企业""全国食品工业优秀龙头企业"等多项荣誉，被四川省政府列为"'十二五'大企业大集团重点培育企业"。

初创期，铁骑力士人从零开始，抱团闯天下，硬是从无路中闯出一条生路，创建了铁骑力士事业。公司推崇自我管理，信奉"无管理就是最好的管理"，以"三个有利于"为企业行为准则形成了铁骑力士事业的领导核心；形成了以"重情、重义"为基础，以创业精神为主体内容的铁骑力士人本文化。

成长期，铁骑力士集团建立了"引得来、留得住、长得快"的软环境，实现了"以人为大"文化的提升；以实现 ISO9000 质量认证为主题，推动公司制度体系、标准体系、业务流程建设，实现了企业管理由"无管理"向规范化、标准化、科学化管理的提升与转变；建立了自己的技术中心——冯光德实验室；基本形成了以"人为大、诚为本、义为先、情为重"为核心的企业文化；持续大规模地培训干部，储备了一批企业发展必备人才；建立了员工代表大会制，实施民主管理；明确提出了"创中国铁骑力士"的目标，开始实施公司名牌战略。

发展期，铁骑力士集团以客户价值为先、奋斗者为本、生态共享为重的发展理念，实施"一体双核两翼"的发展战略（以全产业链为一体，技术、人才为核心，品牌、资本为两翼），致力于成为中国高端食品领导者；从单一的饲料加工发展成为集饲料、牧业、食品、生物工程为一体的现代农牧食品企业，在全国建有百余家分（子）公司，为农业产业化国家重点龙头企业，获得"全国民族团结进步模范集体""全国脱贫攻坚先进集体""全国农产品加工业 100 强企业""国家认定企业技术中心"等荣誉；以颁布"铁骑力士法典"为标志，实现了管理的规范化、标准化；以骑士商学院为主体，形成集团人才培养常规机制，发展、健全了铁骑力士集团"以人为大"的文化理念。

三、饲料行业背景及人力资源现状

中国饲料行业经历了多年发展，为养殖业提供了坚实的物质基础。据统计，中国 2014 年饲料总产量约 18360 万吨。随着饲料行业的发展，在规模不断扩大的同时，行业的技术进步也表现明显，体现在涉及饲料行业的各个方面，如饲料加工设备、饲料添加剂工业、饲料产品、饲料原料、饲料质量保证体系、饲料教学科研等。

（一）行业竞争加剧

习惯上，农民并不把自家产的粮食等农产品算作资本投入。然而，由于中国农民传统的养殖习惯和分散养殖的特点，农民的"自配料"规模越来越大。同时，大部分饲料经销商都开始经营饲料原料和来料加工，甚至办起了类似于小饲料厂的店面，导致全价料饲料市场开始萎缩。饲料企业的进入门槛比较低，致使现今饲料企业数量大规模扩张，而其生产规模也越来越大，供大于求已成定局。

（二）总体规模不断上升

饲料行业已进入低利润或微利时代，竞争进一步加剧。行业发展的集中度将越来越高，饲料企业的集团化发展和企业间的联合将进一步显现。饲料行业发展呈现上下游产业链的整合，形成优势企业，如广东温氏集团、湘大集团、正虹集团等。专业化程度越来越显现优势，如通威、海大的水产料，广东恒兴的虾料，大北农的预混料，安佑及成农的教槽料和乳猪料，等等。

（三）从业人员专业化素质要求提高

中国养殖业正处于并将长期处于规模化养殖快速发展与大量散养户并存的特殊时期。供过于求的状态使得企业在基层需要既具有丰富的销售经验又有较强的理论知识的员工，从而有利于服务营销的推行（在卖饲料的同时，为养殖户提供喂养方式培训、疫病咨询等配套服务等）；而在中高层，随着行业集团化发展以及国家对食品安全、环保和无公害等的强有力措施的实施，企业急需既具有专业知识又具有管理才能的精英，以实现企业的科学管理和战略发展。整体来看，行业发展对从业人员复合型素质要求越来越高，不管是老板（资产所有者）、职业经理人还是基层员工，其个人的专业素养将决定其在行业内的发展空间。

（四）人力资源管理意识薄弱

饲料企业的发展大都是从小企业或某一区域性企业逐渐发展壮大起来的，初期规模很小，员工管理相对简单、简化，管理者和员工对制度化的人力资源管理认识较少。等到规模壮大以后，增效获利是管理者最关心的问题，对员工的管理以最大化产出为引导，而对员工进行科学有效的激励管理意识还很薄弱。

饲料企业人力资源存量不容乐观，人才队伍规模偏小；而且，许多饲料企业在吸纳人才上存在着严重的危机。人员的流失加剧了饲料企业原本就人才匮乏的矛盾，不利于员工队伍的稳定和发展，特别是有特殊技能和专长的核心员工的流失，给饲料企业带来了一定的经济损失，导致经营成本较高。

四、聚沙成塔，积水成渊

（一）有话直说，向我"开炮"

回到自己的办公室，雷董事长翻开了办公桌上的笔记本，只见笔记本的扉页上，赫然写着"2014年民主评议会意见记录"的字样。他又拿来了便笺纸和笔，开始对着笔记本上的内容做记录。这是一个已经保持了21年的习惯，他总是把在民主评议会上收到的意见详细记录在笔记本上，然后再记录在便笺纸上，以便随身携带，提醒自己还有哪些工作和生活中的事情是伙伴们所期待而自己还有待改进的。

回想起1993年，自己首次主张在年终召开铁骑力士集团的干部民主评议会，目的就是想通过员工们向领导"开炮"，来帮助领导们认识自己工作中的缺陷。谁知道，这种让领导们被当面指责并且不允许反驳的形式，让很多人都难以接受。就是自己，在面对一些莫名的指责时，也觉得委屈难受，甚至夜不能寐。企业越是发展，问题可能积累得越多，员工们的抱怨也就越多。还记得1998年，猪肉市场不景气拖累了饲料行业，企业收入下滑，而同期铁骑力士进入集团化发展的关键年。那一年的民主评议会，自己就收到了 30 多条从生活到工作方方面面的意见。但是，自己坚持了下来，伙伴们也坚持了下来。民主评议会这项制度，成为铁骑力士集团所特有的标志，会议记录由人力资源部整理为一式两份，一份存档，一份交给受评议的个人参照，来年开会时再作对比。

念及至此，雷董事长不觉微微一笑。看着笔记本上的一条条记录，时值 2015 年年底，2015 年的大部分意见已经落实到位，他将最后一条"中高层干部事务性工作繁忙，建议董事长推动集团制度建设，简化工作流程"再次记录在了便笺纸上，合上了笔记本。再过一个月，就该是 2015 年民主评议会的时间了。令他感到欣慰的是，近些年，民主评议会上的意见，少了抱怨和任性的指责，反而多出了关怀性的建议。员工们在提出问题的同时，也尝试着给领导们提出自己所思考的建议。小伙伴们和企业一起成长了。这也使得他认为，铁骑力士集团有了能够进入围绕"人力资源"核心竞争力发展的契机，由此产生了人力资源变革会议的提议。

（二）千军易得，一将难求

"咚咚咚"，一阵敲门声打断了雷董事长的神游。"请进!"，雷董事长的嗓音没有一丝不悦。推门而入的，是冯光德。

冯光德，何许人也？1992 年，本科学兽医专业的冯光德，抛弃了"铁饭碗"进入铁骑力士集团，是年他正值 30 岁。凭借其过硬的专业知识，很快他在企业中站稳了脚跟，并一步步走到了技术副总的职位。1996 年，铁骑力士集团投资 200 万元修建科研综合大楼，在原有 40 名科技人员的基础上，又聘请了 50 多位专家和教授当顾问。1997 年 1 月，雷董事长在全公司大会上郑重宣布，新落成的科研综合大楼以冯光德的名字命名，即"冯光德实验室"。员工和干部都非常震惊。一些省、市领导听说后，很不理解，他们认为，冯光德名气太小，要么以雷文勇的名字命名、要么以铁骑力士的名字命名，如果以冯光德的名字命名，万一哪天冯光德走了咋办？雷董事长对此的回应是："虽然冯光德名字太小，但冯光德品格好，科研潜质好，如果真的有一天他离开了，说明我看人不准，我活该，如他真的走了，说明铁骑力士环境有问题，留不住人，公司就应该改进。"

冯光德感念雷董事长的知遇之恩，下定决心，要用毕生的精力为集团奉献所有的知识和力量。果然，在他的带领下，"冯光德实验室"不断地研制出新的产品，研发的猪、鸡、鸭、鱼、兔系列饲料 200 多个品种填补多项饲料行业空白，并获得多项国家专利。2010 年，"冯光德实验室"被国家五部委认定为"国家级企业技术中心"，是行业内唯一同时承担国家生猪产业技术体系、国家蛋鸡产业技术体系、国家水禽产业技术体系的综合试验站。如今，冯光德实验室已完成 156 项科研项目，并成功转化 38 项，申请专利 102 项，发表科技论文百余篇，参与制定国家标准、行业标准、地方标准各一项，并开发出绿色鸡蛋、有机鸡蛋、低胆固醇鸡蛋、优质肉猪、冷鲜肉、低氮低磷环保型饲料等新产品。而冯光德本人，也已经是铁骑力士集团总裁，成为行业内的领军人物之一。

（三）铢累寸积，铁杵成针

"光德，坐，找我有什么事情吗？"雷董事长亲切地询问道。

"雷董，您还在为明天的人力资源变革会议的事情烦心吧？"冯光德一边在雷总身边的位置上坐下来，一边微笑着问道。

"哦？看来你有什么好的想法要跟我交流啰。"说着，雷董事长亲自起身，为冯光德倒了一杯茶。

冯光德半躬身领了雷董的茶水，又坐下接着说："谈不上想法，只是有些建议。雷董，我们这次人力资源变革会议的主题，是如何规划集团未来的人力资源发展方向，形成集团在人力资源上的核心竞争力。行业拔尖复合型人才的孵化一直是企业发展的关键。但在引进外部人才方面，我们一直做得不如激活内部人才好。我在想，何健博士的培养模式，是不是可以复制？"

"何健博士……"雷董事长从座椅上站了起来，走到窗前，眺望远方。

是啊，何健，这个当年西南科技大学的老师，搞动物营养研究的。1998 年，雷董事长偶遇了何健。在进一步接触后，雷董事长认为何健大有前途，许诺他"一千万资金用于科研，一辆别克轿车，硕士研究生毕业后，可在世界范围内选取任何一家大学攻读博士学位，费用由公司支付"，这就是铁骑力士集团著名的何健方程式。1999 年，何健加盟铁骑力士集团。现如今，何健早已完成博士学业，成为集团研发总监。其研究的"母猪系统营养技术与应用"获得国家科技进步二等奖，还获得"一种母仔猪料及其制备方法""乳仔猪配方奶粉及其制备方法"等多项国家发明专利。因成绩卓著，他在 2014 年荣获了"全国十大最具影响力动物营养师"称号。

"潜艇吸收得多，才能沉得下去；当吸收的东西释放出来，才能浮得上来啊！"雷董事长感叹道，接着又问，"你有什么建议吗？"

"人力资源的开发，不仅需要技能型人才，更需要管理型人才。我们的人力资源部，首先要做大做强。目前，我们不是在与西南科技大学经济管理学院进行战略合作吗？是不是可以考虑让他们从事人力资源的研究团队参加我们这次的人力资源变革大会呢？"冯光德终于道出了自己的来意。

"你这个提议很好！"雷董事长抚掌赞同道，"我立刻要求人力资源部联系一下经济管理学院，发出正式邀请。在我心里，已经有一个不错的人选了呢！"说着，雷董事长拨通了人力资源部杨部长的办公电话。

（四）铁骑铮铮，力士成城

"嘀铃铃……"办公桌上的电话铃声响起，铁骑力士集团人力资源部杨部长接起了电话。"雷董放心，我们会安排好西南科技大学团队参加人力资源变革会议事宜的。"在听完雷董事长的要求之后，杨部长做出了承诺，并且放下了手中的电话。

雷董事长的电话来之前，杨部长正在思考自己明天在人力资源变革会议上的发言，主题是"如何在集团内营造一种尽善尽美的人才培养氛围？"自己是铁骑力士集团的元老，从集团创建初始就一直在企业里。这么多年来，集团已经形成了自己特有的人才培养体系，把企业建成了"一个家庭、一所学校、一支军队"。下一步，企业要逐步摸索提高人才培养效率的途径，首先要从根上抓起，找到那些好苗子。

念及至此，杨部长想到了集团绵阳分公司所推行的"基础员工创新制度"。最开始，这一举措只是产品部本着"持续改善"的目标，发动所有基层员工发现问题——不论是学习、生活、工作还是管理方面的问题都可以提出。通过班组汇集讨论等方式，员工向部门反馈问题、提出解决意见。企业对采纳的意见给予相应员工表彰和物质奖励。不想这一举措，极大地激发了员工创造性地解决岗位问题的积极性。目前集团已经决定将这一做法向集团内其他子公司复制推广。

"嗯，这些好苗子，不能够就这样戴上大红花、发放奖金就算完。集团的复合型人才培养，也应该从他们开始入手啊！"杨部长轻声地叨念着，又拿起了电话，拨通了人力资源部张主管的号码。"喂，小张么。你安排一下，向西南科技大学经济管理学院的何老师发送邀请函，邀请她参加明天的人力资源变革会议，并布置好接待工作。另外，把集团这几年基层员工创新的获奖人员名单及情况介绍抄送给我一份……"

（五）先奖后罚，体味民心

放下了杨部长的电话，张主管蹙紧了眉头。明天就要召开人力资源变革会议了，在这紧要关头，杨部长怎么想起来要基层员工创新获奖人员的名单和情况介绍呢？名单自己这里有，但是具体的情况介绍，只有执行表彰的绵阳分公司才有。看来，还得和绵阳分公司分管这个事项的产品部部门经理刘总联系一下。

"喂，刘总吗？我是人力资源部老张啊。你在生产线上巡查吗？机器声音那么大，能听清我说话吗？"张主管拨通了刘总经理的电话。

"张主管啊，集团不是要求推行 5S 现场管理的红牌制度么，我正在现场检查呢。您有什么事情，可以大声点说。"刘总经理扯着嗓子说了这么几句。

"是这样。我们这边可能需要你提供一下基层员工创新获奖者的名单和情况简介。这件事情主要由你在具体操作，所以方便的话请尽快把材料发到我邮箱。"张主管不自觉地也提高了嗓音。

"好的，我知道了。我会尽快把资料发给您，另外也顺便把我们这边推行 5S 的情况给您做个汇报。"刘总经理回复道。

"那好，你先忙！"说完，张主管挂断了电话，接着又拨通了西南科技大学何老师的电话……

半个小时后，刘总经理的邮件来了，除了基层员工创新的获奖者名单及介绍以外，邮件里还传来了绵阳分公司推行 5S 红牌制度的相关信息。只见邮件中写道："'5S'在绵阳分公司的推行做到了两点，一是先奖后罚。

每位员工在工作的前3个月每月会得到500元的奖金，期间容许员工犯错，工作可以做得不好，且不会因为工作不规范而受到惩罚。但是3个月过后，就要按照生产岗位考核标准对员工进行全面考核，如果发现不标准操作，就要对其进行惩罚。二是施行'红绿牌制度'，发现不标准操作1次得一个红牌，从每月500元的奖金里扣10元，2个红牌扣30元，3个红牌扣70元，依次累加。得到绿牌表示标准操作，奖金照发。并且，'红绿牌'每天都会进行更新和及时公布给大家，大家互相监督，班组长监督员工，经理又监督班组长，如果发现有员工对问题隐患视而不见的，班组长负有连带责任，一并受罚；如果发现有打架、造成安全危害的，整个班将一同受罚。"

绵阳分公司不愧是雷董事长的发家之地啊，集团内几乎各项激动人心的激励措施，都源于他们的人性化想法和设计。张主管一边暗自思忖，一边将刘总经理的邮件内容按基层员工创新和5S红牌推行两个主题整理成邮件，转发给了杨部长。

五、尾声

收到杨部长关于西南科技大学何老师确认参加集团人力资源变革会议的回复时，已经是16日的下午了。雷董事长站在办公室的玻璃窗前，手拿着那本《铁骑力士写真》A卷，脑海里浮现出常常用来提醒自己的那句"居安思危"。时间虽然带走了铁骑力士人的光阴岁月，却带给了铁骑力士集团更强大的生命力。如何才能将人才这笔最宝贵的财富保护好、使之焕发出更强大的力量？集团任重而道远。

【启发思考题】

1. 铁骑力士集团综合采用了哪些激活人才的手段和方式？

2. 铁骑力士集团为什么能够让激活人才的手段焕发活力？

3. 铁骑力士集团要想实现孵化行业拔尖人才的目标，在激活人才方面应采取哪些可操作的手段？

报告蒋总，前方发现敌情：铁骑力士 TQM 公司的市场份额保卫战^①

本案例适用于市场营销、组织间营销管理等课程。铁骑力士实业有限公司 M 公司（以下简称"TQM 公司"）的蛋鸡饲料产品在绵阳市场上属于市场领导者的角色，并在该区域的客户心目中树立了独一无二的品牌形象。但是 TQM 公司必须时刻警惕来自其他竞争对手的挑战，因为绵阳蛋鸡养殖业不仅总体规模较大，且优质客户众多。2017 年 5 月，我国鸡蛋市场价格出现大幅波动，养殖户面临巨大的成本压力，TQM 公司作为绵阳区域市场的领导者，没有及时针对环境的变化做出战略调整，公司对客户提供的增值服务质量也出现了较大的失误；挑战者 ZD 公司抓住这一机遇，对绵阳市场展开了以低价策略为核心的战略攻击。面对竞争对手的猛烈进攻，TQM 公司虽然具备战略防御纵深，但市场份额依然遭受严重损失。TQM 公司必须考虑在进一步强化防御能力、对竞争对手实施战略反攻的同时，如何依据养殖业的未来发展趋势，实施主动营销策略。

2018 年 5 月 2 日早上刚 8 点，公司顾问李龙就接到 TQM 公司市场部的电话，要求其务必参与当天下午 1 点半的营销会议，议题主要是针对 ZD

① 本案例由西南科技大学经济管理学院杜青龙、何波、贺晓庆共同撰写，经中国管理案例共享中心授权使用。由于企业保密的要求，本案例对有关名称、数据等做了必要的掩饰性处理。本案例创作于 2018 年 7 月，案例中数据和信息均截至该时间点。本案例只供课堂讨论之用，并无意暗示或说明某种管理行为是否有效。

公司市场挑战行为的应对策略。

李龙担任 TQM 公司饲料事业部的营销顾问已经一年多，2018 年 4 月上旬，他在对绵阳市场进行市场调研时，已经发现 ZD 公司开始利用低价、补贴、专用资产投资等方法对公司的客户进行转换，并为市场部提交了相应的市场调研报告。但是，公司应该如何采取行动，回应 ZD 公司的市场挑战行为，李龙在报告里并没有提及；同时，李龙也没有收到公司对报告的回应，他猜想公司觉得这是正常的市场竞争行为，事态并不严重。两个月过去了，公司突然召开会议，难道 ZD 公司的市场挑战行为升级了？

一、行业背景

20 世纪 80 年代中期以前，我国的蛋鸡一直是农户散养模式。主营饲料的泰国正大集团进入我国后，我国蛋鸡养殖开始向规模化、专业化方向发展。20 世纪 80 年代末到 90 年代初期，正大集团在饲料领域高额垄断利润开始引起产业资本的关注，大量的竞争者开始逐渐进入饲料产业，铁骑力士集团、新希望集团等著名的饲料企业，正是在这一背景下诞生的。

铁骑力士集团在全国共有 60 多家分公司，绵阳 TQM 公司则是铁骑力士集团的初创公司，主营蛋鸡饲料。多年来，TQM 公司通过对养殖户实施传、帮、带等方式，使绵阳蛋鸡的养殖规模逐渐发展到一千多万只。在规模养殖的吸引下，其他饲料企业也开始逐渐进军绵阳市场；经过长期的市场竞争，绵阳的蛋鸡饲料市场逐渐形成以 TQM 公司为市场领导，XXW 公司、ZD 公司、ZP 公司为主要竞争者的市场竞争格局。

随着大量产业资金进入，2000 年以后我国蛋鸡养殖规模越来越大，但同时蛋鸡饲料的竞争也越来越激烈，饲料企业面临巨大的利润压力。为了保障利润，一般一个饲料公司的产品运距不会超过 200 千米，以压缩运输成本。因此，大型饲料生产企业均会在蛋鸡养殖规模较大的区域建立分公司，从而形成一个公司有几十家分公司的局面。

2017 年 5 月，蛋品市场突然出现剧变，鸡蛋价格一路走低，出现了规模化养殖 30 多年来从未有过的价格行情：非品牌鸡蛋的成本价一般为

3 元/斤^①，但终端的销售价格竟只有 1.8～2.0 元/斤，最低甚至达到 0.9 元/斤，规模养殖场每天的亏损额有的高达几万元；品牌鸡蛋虽然受影响不大，但养殖户同样面临巨大的成本压力和资金压力。蛋品市场的困境开始倒逼蛋鸡产业链上游的饲料企业必须在成本降低、服务质量优化等方面有大的作为。一些饲料企业瞅准这个战略机会，开始利用价格战等方式攻城略地，准备重塑产业格局，绵阳市场也呈现出山雨欲来风满楼的景象。

二、气氛凝重的会议室（1）

2018 年 5 月 2 日下午 1 点半，李龙准时到达了会议室，M 公司总经理蒋总、集团市场部的小胡以及绵阳市场的销售人员均已经提前到达了会场。一阵寒暄过后，蒋总就直奔主题："今天请你们来开会的目的我想大家基本都能猜到。2017 年 12 月开始，ZD 公司利用非正常的低价方式抢占我们的市场；虽然市场销量下滑不大，但是对我们未来工作的有序开展造成了极大的影响。因此今天开会的主要议题，就是讨论如何把 ZD 公司在绵阳市场的份额给'抢'回来。"蒋总边说边站了起来，在会议室的白板上写上了"ZD"两个字："接下来请李涛给大家汇报一下 ZD 公司最近攻击我方市场的详细情况。"

李涛是 TQM 公司绵阳市场销售队的队长，由于长期在一线市场磨练，风里来雨里去，所以身材显得特别敦实，皮肤略黑。听到蒋总的指令后，他把一份关于 ZD 公司最近成功转换的客户名单投影到大屏幕上（参见表1）。

表 1　被 ZD 公司转换的客户的基本信息

客户	月销售量	ZD 公司转换客户的方法	前期 客户归属
王某	100 吨	免费安装料塔（用够 650 吨赠送一个料塔，市场价值 3 万元），变相降价	TQM 公司

---

① 1 斤 = 500 克。

表1(续)

客户	月销售量	ZD 公司转换客户的方法	前期 客户归属
王某	60 吨	利用客户与 TQM 公司在蛋品收购过程中产生的矛盾进行游说,具体措施是提供金融支持（提供贷款 10 万元）	TQM 公司
万某	15 吨	利用客户对价格比较敏感的特点,采取低价策略进行诱导	ZP 公司
杨某	10 吨	利用客户对价格敏感实施低价俘获,目前该客户饲料一半来自 ZD 公司,一半来自 TQM 公司,然后向两边要政策	TQM 公司

李涛略微清了一下嗓子:"几个月来,ZD 公司主要通过低价策略、专用资产投资、金融借贷以及对与客户的未来合作关系模式许下承诺等方法诱惑客户——这些承诺我们了解了一下,有一些我们认为可能不切实际,但效果却不错,已成功转换了 20 来个客户。这些客户的月用量接近 1000 吨,约占市场份额总量的 10%。同时,最近我们接到部分客户的电话,要求我们给予与 ZD 公司相类似的价格策略或专用资产投资政策,如果我们不尽快采取应对措施,可能还有部分客户因此而流失。从这张表我们可以看出被 ZD 公司转换的客户具有如下一些特征:

"被转换的客户不仅包括我们公司的,同时也包括 XXW 公司、ZP 公司的,但是以我们公司的为主——我们公司被转换出去的客户的月用量超过了 500 吨,约占我们市场份额总量的 7%。在与 XXW 公司与 ZP 公司销售员的私下交流中,他们目前对 ZD 公司的无序攻击行为也很无奈,暂时也没有什么良策。

"从数量上来看,被 ZD 公司转换的客户以月用量 50 吨以下的小型客户为主,50 吨以上的大客户数量只有 5 个,占比不到 25%;但是其月总计用量却达到 600 吨,约占被转换客户总计月用量的 65%,因此不可小视。

"我们公司被转换出去的客户大致可以分为以下三种类型:一是我们主动想要放弃的几个低价值客户,其中包括大户王某;二是以前我们工作没有做到位,特别是今年开年后蛋品收购服务做得不好的客户,因为对公司不满而主动离开；三是对价格特别敏感的小客户……"

听着李涛的发言，李龙不禁想起了4月初他与李涛在茶楼的第一次见面——李涛腼腆而羞涩，与市场上敢打敢拼的"拼命三郎"形象完全不搭调。

三、茶楼谈话

在对绵阳市场展开调研之前，李龙约了绵阳市场队的队长李涛见面。

李龙："你能介绍一下绵阳市场的整体情况吗？"

李涛："好的。绵阳市场大致表现出如下四个特征。"他拿出一个笔记本，看来见面前还专门做了准备。

李涛继续说：

"第一，我们是这个区域市场的绝对领导者。在绵阳城郊附近，我们的市场占比达到90%以上；其他偏远一些的地区，也基本在60%以上。我要补充一点的是，绵阳市场是一个大概念，也包括南充、德阳等地，市场划分的依据主要是按照运距或运费进行的。要知道，在全价料①市场上，运费超过200元/吨，基本上是没有什么竞争力的。

"第二，绵阳市场的竞争对手主要有三家，分别是ZD、XXW和ZP。ZP是一家小公司，主营业务跟我们一样，是蛋鸡饲料。ZD、XXW这两家公司是综合性饲料公司，主营产品是猪饲料，鸡、鸭、鱼饲料等的市场占比均很小。在蛋鸡饲料市场，这几家公司的市场占有量总和大概也就1000吨/月左右。去年XXW跟我们抢市场，打来打去他们也没占到什么便宜，后来我们两家就基本上达成一个心理默契，相互不招惹对方——其实私底下我们与对方的销售人员都很熟；没想到的是，今年ZD公司又来跟我们抢市场了。

"第三，绵阳市场的渠道模式有两种，一种是通过中间商进行销售的一级渠道模式，销量占比为70%左右；另一种是直销模式，销量只有30%左右。

---

① 蛋鸡饲料分为预混料和全价料。预混料配上玉米、豆粕、碎石子等，就形成全价料。

"第四，除了做品牌蛋的养殖户和一些大型养殖场，很多小的散户认为市场上的饲料产品没有什么区别，购买产品时常常是价格导向的。这就直接导致公司之间的竞争方式主要是打价格战，现在价格已经基本被打穿了①，所以市场利润非常薄。从去年 6 月开始，鸡蛋价格又大幅下跌，养殖户亏得比较厉害，对养殖成本越来越敏感。而饲料成本是主要的看得见的成本，有的时候我们甚至是亏本在卖，目的就是维系客户。我上个月虽然销量还不错，但由于利润率偏低，被扣了不少钱，这不都是 ZD 公司给折腾的。"

李龙："中间商客户和直销客户谁的忠诚度更高呢?"

李涛直言："我们的直销客户基本不会损失。我们也想过把中间商客户都转换为直销客户，但是这里面有很多问题我们还无法解决：第一，经销商的垫资功能我们无法完全取代。经销商垫资很灵活，也不需要什么抵押，主要依靠他们与养殖户之间的相互信任进行运作。但公司就不行，一是垫不起这么多，二是程序非常繁琐，如果客户特别急，等钱到手，鸡都饿死了。第二，如果贸然采取行动，必然会与经销商产生冲突，那后果不堪设想，因为他们对接的客户还是更信任他们。养殖户都是农民，他们的想法相对简单，谁在困难的时候曾经帮过他们，谁可能会一直帮助他们，他们就跟谁走。"

李龙："依照你的观察，绵阳市场客户的痛点主要有哪些?"

李涛："一是资金。去年鸡蛋暴跌后，这个问题特别严重。二是鸡蛋销售问题。他们的鸡蛋一般是蛋贩子进行收购，收购价格采用的是成都市文家场的报价。蛋贩子机会主义行为特别严重，当鸡蛋质量好的时候抢着要；当鸡龄大一些，就不愿意收，这个时候客户的鸡蛋经常卖不出去，所以我们销售员一般都有一个特别重要的任务，就是给客户联系蛋贩子。也有个别大型养殖场，做品牌蛋，走商超、学校等渠道，但您知道，这些渠道压款很厉害，不是每个客户都有足够的资金的。"

茶楼谈话后，李龙约了李涛 4 月 5 日一起去了解市场。

---

① 所谓"价格打穿"，是指渠道商、用户均知道产品的成本与利润，已没有秘密可言。

四、客户的抱怨

2018 年 4 月 5 日，清明节，小雨。

早上 10 点，李龙与李涛拜访了一个抱怨得特别厉害的渠道商赵虎。赵虎控制的养殖户规模大约有 30 万只鸡，属于特大型中间商，与 TQM 公司已经有十多年的合作经历了，销售业绩也非常好。一见面，赵虎就大倒苦水："我不停地打电话，问他们①蛋筐②什么时候可以送到。他们今天说明天，明天说后天，结果半个月也没有来……鸡蛋太多，运输带被卡住了，我们的养殖户只得用手去掏，这让他们异常愤怒……所以我们这边已经有三四家养殖户不买你们公司的料了，都成了 ZD 公司的客户。"他看了看李龙，平复了一下情绪继续说："我之所以能够长期与 TQM 公司合作，主要是因为与这帮子干销售的兄弟有很好的感情，大家相互之间非常信任。"

李涛很无奈地看着李龙："赵总说的是实情，我们也管不了这帮子收蛋的。我能做的只有不断地给他们打电话，他们基本就一个字：拖。"

"赵总，咨询您一个问题，您说有几个客户转向 ZD 公司，是不是 ZD 开始收购他们的鸡蛋了？"李龙问道。

"没有，虽然 ZD 给他们承诺说几个月后会收，但我估计悬，就他们这点规模不可能。ZD 上个月就开始过来做我和养殖户的工作，但大家与 TQM 公司长期合作这么多年了，感情还是很深的，因此即使他们开出了很优惠的条件，也基本没人理会他们。"赵虎深深地吸了一口烟，然后将其在烟灰缸里掐灭，"这几个养殖户，就是为收蛋这个事情闹情绪。其实你们要是不收蛋也没这回事，但是既然收了，就要好好地收，承诺的事情一定要兑现，这样信任关系才能长期维系嘛，你说是不是这么个简单的道理。"

李涛很快给出了一个临时解决方案：一是督促公司蛋品收购业务人员加快业务速度，迫使他们给出一个明确的蛋筐运送时间表；二是利用自己

---

① 指实施鸡蛋收购业务的 TQM 员工。

② 蛋筐是运输过程中用于存储鸡蛋的篮子；每个蛋筐装多少鸡蛋在行业内是固定的，因此蛋筐还有一个作用是计量鸡蛋的数量。

与市场上其他蛋品商的关系，让他们来救一下急，以最快的速度把已经积压的鸡蛋先收走。

下午 1 点半，李涛带着李龙返回绵阳去拜访一家蛋品收购公司，希望能够借助蛋品收购商的力量解决目前的蛋品收购困境。3 年前，李涛动员这家公司的李总利用该公司与养殖户的特殊关系做饲料业务，没想到居然做成了一个大户，李总对目前的饲料经营业务也非常满意。

李总很爽快，答应协助帮忙，李涛的脸上终于露出了一丝轻松的笑容。

五、把酒话桑麻

2018 年 4 月 8 日，周日，晴。

为了提高拜访效率，李涛约了几个养殖户在一个农家乐见面。农家乐离市镇很远，位于半山腰，修得却很雅致，周边的田园风光尽收眼底。

相互寒暄后，李龙说明了来意："诸位都是与 TQM 公司合作多年的朋友，我非常想了解这么多年来，公司是在哪些方面吸引了各位老板一直与公司一起发财。"

李涛招呼大家先吃饭："咱们边吃边聊，吃完后还可以继续聊。"

几杯酒下肚以后，大家一致把目光对准了姓杜的老板，他是这里面养殖规模最大的。

杜老板喝了一口茶，清了清嗓子后说道："在座都是跟 TQM 公司有深厚感情的。ZD 公司不断来找我们合作，但在座诸位都没有考虑过，甚至也不想见他们的销售代表。TQM 公司这些年给我们做了不少实事，大家都是记在心里的：第一，是 TQM 公司手把手教会了在座诸位养鸡而不是 ZD 公司，没有 TQM 公司，估计在座的诸位多半没在这个行道里混，或者至少要晚好多年，对吧？第二，TQM 公司在资金上对我们进行扶持，解决了我们的最大痛点。大家都知道，活禽是不能抵押的，银行贷款要是没有 TQM 公司担保，我们有的时候真的没有办法了。你看李涛兄弟最近不就是在帮我跑贷款吗，由于流程上有一些疏漏，款项比预期发放得要晚，他就积极帮我在公司借款救急。第三，TQM 公司帮兄弟伙解决后顾之忧，比如对我们的鸡蛋进行收购。虽然这件事情因为运作模式的问题，现在遇到很多麻烦，但是我们基本都能理解。我虽然规模大，但是要论做得好，还得是黄老板，黄老板是做品牌蛋的，非常值得我们学习，还是黄老板说说吧。"

黄老板摆摆手，道："杜总谦虚了，我们都是跟着杜总干起来的。我与 TQM 公司合作这么多年了，我觉得公司最大的优点在于产品技术的稳定性，这对我们做品牌蛋的养殖户而言太重要了。所以有时其他公司的销售员来上门推销，我就直接给他们说，你们先回去把品质做好了再说吧。蛋鸡养殖业从 20 世纪 80 年代开始，从来没有遇到过现在的困境——以前大家都赚钱，所以价格贵一点也不在乎；但是现在大家都在亏，我们做品牌蛋的要稍好一点，但是他们（黄老板指了指其他几位），他们现在对一切降低养殖成本的因素都特别渴求，所以 TQM 公司还得多动动脑筋，想想怎么把成本再降一些下去，或者帮养殖户把养殖效率提起来。"

"对于饲料成本这个事情，我说两句。"蒋老板喝了一大口酒后，接过了话题，"其实大家都知道现在饲料的利润很薄。前几天一个朋友给我打电话说 ZD 公司以非常优惠的价格要求他与 ZD 公司合作，我直接告诉他，这其实是 ZD 公司玩的套路，等你一签约，找个机会就涨上去了，这种事情我见多了。我很赞同黄老板最后一句话，就是怎么在当前的饲料价格下，把养殖效率提起来——成本在那里，一味地降价，饲料质量怎么可能得到保障？"

六、等等看的客户

2018 年 4 月 12 日，周四，晴。

"这次我们去拜访的是一个中间商，姓刘，大概控制了 8 万只鸡，其中有 3 万是他们自己喂养的。我已经跟他接触 3 年了，但是一直没有谈下来。因为他以前是 XXW 公司的客户，我们也没有太刻意去开发他，但现在被 ZD 公司争取过去了，我想把他争取过来。"李涛边开车边对李龙说。

刘老板在一个茶楼等他们。见面后李涛直接说明来意，问是否可以进行合作。刘老板打了个哈哈，说道："TQM 公司我还是很想合作，但是你看人家 ZD 公司的优惠政策这么好，你们都没有嘛。"

李涛回应道："政策我可以争取，你先谈谈你的条件。"

刘老板又哈哈几声："兄弟，你看我刚跟 ZD 签约，还是等等看吧。"

接下来大家又东拉西扯地闲聊了两个小时，最后刘老板表示，等 ZD 公司的促销活动结束后，大家再聊聊，可以尝试用一部分 TQM 公司的料。

接下来他们又去拜访了一周姓养殖户。客户目前有 3 万只鸡的规模，最大养殖规模可以达到 8 万只。但同样委婉地表示要等等看。

七、气氛凝重的会议室（2）

听完李涛的分析，蒋总环顾了一下会议室："大家看到了吧，以前 ZD 公司的月销量也不过就 300 来吨，现在一下子就抢了这么多。其实我最担心的并不是市场份额的丢失，而是担心 ZD 公司的经营战略是不是发生了变化。也就是说，他们是不是已经将蛋鸡饲料作为绵阳市场甚至四川市场的主营业务来抓了，如果我们对这个情况不能准确判断，我们的应对策略就可能就会完全走偏。如果 ZD 公司真的改变了经营战略，接下来我们可能面临一个强大的潜在进入者，但我们绝不允许这种情况发生，所以先请大家发表一下看法吧。"

"我的建议就是打价格战，这是最直接最有效的办法。"销售员小张发表了自己的看法，立刻得到几位销售人员的附和。

"打价格战不可能得到集团公司批准的，想都别想。"李涛提出了反对的意见。

"那难道我们只能消极防御吗？去年 XXW 打我们的时候我们被动防守，今年 ZD 来，我们又被动防守，那我们的市场迟早要出问题。我觉得是应该主动出击的时候了。"小张坚持自己的意见。

"ZD 公司利用他们的辅助业务攻击我们的主营业务，我们也可以请求我们的兄弟单位，比如猪饲料部、青年鸡事业部，强化对他们主营业务的市场攻击，迫使他们回到自己的主营业务上去。"销售员小杨激昂地发表了他的看法。

看见顾问李龙一直没有发言，蒋总说道："李老师，你对绵阳市场已经调查了一段时间了，我也看了你写的市场调查报告，你与大家谈谈你的看法吧。"

李龙稍稍整理了一下思路，说道："首先，我不同意打价格战，因为这是我们的主战场，价格战就是杀敌八百自伤三千的赔本买卖，更主要的是我们不必打。在调查过程中我发现，虽然 ZD 公司来势汹汹，但是 TQM 公司已经在绵阳市场形成了几道无比坚固的防线，比如关系防线、技术防线、增值业务防线等。ZD 公司的价格战虽然取得了一些成绩，我想并没有达到他们的预期，这可以从他们转换客户的质量就可以看出来。在这种情况下，ZD 公司还能坚持多久我表示怀疑……"

蒋总点点头："我非常同意我们在绵阳市场已经建构了战略防御纵深的观点。为了达到收复市场并震慑对手的目的，我们到底应该采用被动的阵地防御战略还是主动反击的进攻性战略，以及如何设计每一种战略的具体路径、模式、细节，大家先休息十分钟，然后继续讨论。"

八、尾声

会议一直持续到晚上 8 点，大家就 ZD 公司的战略意图基本达成一致判断。但是在应对策略上，讨论并没有达成一致意见，主张与 ZD 公司开展价格对攻战的意见还是占据了上风；以李龙为代表的另一派则觉得应该利用公司的资源优势及市场地位，在强化防御网络的同时，采取多元化方法有针对性地攻击对手。究竟应该采取什么样的竞争策略，公司顾问李龙将依据本次会议的讨论结果以及前期市场调查的结论形成报告，上报集团公司定夺。

会后，李龙与蒋总又交换了意见，走出会议室时已经是晚上 10 点，一阵凉风袭来，给人以非常舒爽的感觉，一下午的疲劳，顿感烟消云散。

【启发思考题】

1. 如何确认 ZD 公司对绵阳市场的攻击是战略性策略还是普通的市场行为？

2. 从短期来看，TQM 公司应当如何建构防线（或反击）来应对 ZD 公司的市场攻击行为？从长期来看呢？

3. 如果要维持长期市场领导定位，TQM 公司的营销战略应当如何改变？

博观而约取，厚积而薄发：
龙华"差异化"发展之路[①]

本案例适用于战略管理等课程。互联网时代，中国电子品牌迅猛崛起，驱动显示面板行业国产化，进而推动膜材行业的转型。在中国产业全方位升级的时代主题下，光电类膜材企业应如何借助自身独特资源及动态竞争环境打破国外品牌的垄断，创造竞争优势？本案例以四川龙华光电薄膜股份有限公司（以下简称"龙华"）为背景，分析龙华的竞争态势及其如何结合基本竞争战略追求卓越品质、保持生命力；在面板产业蓬勃发展的时代如何把握机遇，创造企业竞争优势，实现华丽转身。

一、引言

2018 年 4 月 29 日下午 1 时许，东京成田机场熙熙攘攘，洋溢着"五一"假期的气息。龙华总经理刁锐敏先生脸上洋溢着与三立化学达成战略合作的喜悦。"看来这个劳动节得大劳动一场了！"刁总一边想一边打开笔记本，看时间还充裕，打算写下今年第 3 次日本之行的总结。

---

① 本案例由西南科技大学经济管理学院张霜、李海红、蔡文彬、向海燕、胡敏共同撰写，经中国管理案例共享中心授权使用。由于企业保密的要求，本案例对有关名称、数据等做了必要的掩饰性处理。本案例创作于 2018 年 5 月，案例中数据和信息等均截至该时间点。本案例只供课堂讨论之用，并无意暗示或说明某种管理行为是否有效。

"Hi, Mr. Diao!"似乎有人在跟他打招呼，刁总抬头一看，果然有一名外国友人惊喜地望着他。"Hi!"刁总礼貌地回应。对方有点眼熟，刁总仔细回想，原来是他——苹果①亚太地区采购总监伊恩。

"现在'龙'的脚走了全世界，你带它飞还是它带你飞？"跨文化交流是有些难度，不过刁总明白他的意思。

"当然是我带它飞，它也带我飞来飞去！"刁总意味深长地说。

伊恩丈二的和尚摸不着头脑，满脸疑惑地看着刁总，恰巧这时广播传来登机提示语。"I have to go! See you!"伊恩赶着登机，来不及细聊这句话饱含的"酸甜苦辣"。

"See you!"刁总送别道。

望着伊恩离去的背影，"谁带谁飞"的问题在刁总脑中盘旋。二十多年来，龙华是如何"飞"起来的？如何从一个小小的民营企业，一步步成为不断填补中国空白的光学薄膜行业的领军企业呢？

二、企业发展历程

龙华是一家专注于PC②材料、PMMA③材料及其复合材料等高分子功能薄膜材料的研发、生产和销售的高新技术企业，始终秉持"共同锻造'龙华供应链'"的理念，致力于产品品质的提升、新产品的研发和推广，相继推出各类功能硬化涂覆产品，成功推广适用于各类高压和热压成型工艺的PMMA/PC两层复合薄膜，解决了现有国外PET④品牌膜材无法实现的高拉伸高硬度的技术难关，将模内装饰注塑行业的产品技术推上新高度。龙华不断实现"进口替代，填补国内空白"，已发展成为国内技术领先的高分子功能薄膜材料制造商。

这些源于龙华强大的研发实力和深厚的产学研合作基础。龙华与四川大学、西南科技大学、中蓝晨光化学研究院、美国陶氏亚洲研发中心等科

---

① 苹果公司，本案例中简称"苹果"。
② 聚碳酸酯，简称"PC"，又称PC塑料，是一种强韧的热塑性树脂。
③ 亚克力，又称PMMA或有机玻璃，是一种开发较早的重要可塑性高分子材料。
④ PET材料是在20世纪70年代初由美国杜邦公司研制，如可口可乐塑料瓶就是PET材质的。

研院所建立了成熟、稳定的技术合作关系。截至 2018 年底，龙华已申请专利 31 项，其中中国发明专利授权 10 项，实用新型专利授权 19 项，美国发明专利 2 项，并以第二起草单位参与"聚碳酸酯薄膜及片材"国家标准制定，先后被评为国家工业企业知识产权运用试点企业、专精特新"小巨人"企业、工业产品绿色设计示范企业、国家知识产权优势企业。

（一）初创期：1992—1998 年

"刁总，做电路板的薄膜断货了。听说 GE① 代理商跟厂方发生冲突，厂方停止供货了。拜耳和帝人的价格太高，做了必亏，国内又没薄膜厂商。刁总，我们该怎么办呀？"1991 年 5 月的一天下午，广东省广通电路板厂的采购经理小王一路小跑到经理办公室气喘吁吁地说。刁总愣了一下，心想竟有这么凑巧的事？"你派两个人，一个盯着 GE 代理看什么时候上货，想办法联系 GE 厂商说服供货；另一个负责跟拜耳和帝人谈价格，看有没有余地。"刁总说完，小王点点头即刻走出办公室。这时刁总想起前些天与大哥刁锐鸣就公司新业务拓展的促膝长谈。当前国内各产业发展蒸蒸日上，但大多是承接欧美、日韩及港台地区的产业转移且劳动密集型的低端制造业，其中包括他们所做的电路板代加工业务。

刁氏兄弟洞悉该行业的典型弊端：企业无自主研发能力、无产品话语权且在广东等沿海地区比比皆是。刁总深知公司以"电路板代加工"起家，唯有围绕产业链进行深化才能持续健康发展。当前已有太多企业通过横向扩大规模获取微薄利润，横向发展的路被堵死。因此可通过向产业链上游原材料延伸或是向产业链下游器件应用拓展，寻求新发展。

通过对产业链的深入研究，刁总发现国内电子产品包装行业发展繁荣，但其包装用的薄膜材料几乎全部依赖进口，市场被美国 GE、德国拜耳和日本帝人垄断，国内电子产品加工企业饱受其苦。凭着对电子包装膜材行业的敏锐判断和国内市场的巨大需求，刁总参与合伙投资（资本共计 100 万美元）了国内第一条 PC 薄膜生产线。

1992 年 11 月，带有水塔的厂房在绵阳矗立起来。龙华为填补国内 PC

---

① 美国通用电气公司（General Electric Company），简称"GE"。

薄膜空缺的雏形应运而生，奠定龙华"模仿创新"的起点，拉开"填补国内空白或替代进口"的序幕。

（二）发展期：1999—2013 年

1999 年，因缺乏技术改进资金，新产品开发困难，龙华失去出口订单，一度处于濒临破产的险境。危急时刻，刁总接任龙华总经理一职，凭着"不抛弃、不放弃"的精神鼓舞，带动了全体员工的士气。

在刁总的带领下，2000 年龙华基本起飞，实现销售额近 500 万元。此后至 2006 年，龙华主要以"替代进口膜材"为战略，以迅速占领国内市场为目标，实现销售额超过 1 亿元。其间，龙华曾试图策划 IPO（首次公开募股），但龙华存在很多问题：销售受制于代理商制，产品基本参照 GE、拜耳、帝人的目录和规格，好产品体量不足等。刁总谨慎的思维没有将"未成年"的龙华推到 IPO 的"风口浪尖"，而是思索问题症结：创新。

2006 年后，市场竞争逐步加剧，产品同质化显著，龙华的市场份额逐渐被侵蚀，面对当时的形势，刁总提出"创新创业，永远在路上"的指导思想。龙华踏上"人无我有，人有我优，人优我廉，人廉我转"的探索之路。

尽管龙华地处西部欠发达地区，难实施"引进来"的人才策略。但龙华多方寻求突破，并于 2010 年成立核心研发中心，开始做自主创新的准备。2013 年开始，龙华在保持"模仿"研发的基础上，更多的是做创造性研发，为龙华腾飞奠定了坚实的基础。

（三）成熟期：2014 年至今

2014 年 9 月 27 日，公司名称由"绵阳龙华薄膜有限公司"变更为"四川龙华光电薄膜股份有限公司"，并于 2015 年 3 月正式新三板挂牌，注册资本 6900 万元人民币，标志龙华迈上新台阶。

经过二十余年探索与创新，龙华拥有自主的研发团队、完善的实验室，配有多名高级工程师为主的生产技术团队及高效的营销团队。这是龙华创新的源泉，也是国内众多企业不易攻破的堡垒。龙华营销模式为代理制和直销，市场主要分布在华东、华南以及国外，工厂在中国大陆。其中，龙华海外市场份额占比约为 25%，相较国内同行企业有极大的优势。

目前龙华在（中国）台湾新竹和台北分别设立了研发中心，吸引多名博士加盟，他们是光学薄膜领域顶尖的人物，其中之一是台湾工业园的研发主任。此举在台湾地区形成极大的社会影响，吸引台湾地区代工企业工程师、研发人员、教授等纷纷加入龙华，为龙华的发展战略奠定了深厚的人才根基。

三、行业背景

（一）政策背景

近些年，全球 LCD[①] 面板出货量稳定增长，基于我国旺盛 LCD 需求及显著成本优势，LCD 面板产能逐渐向我国转移。而光学膜使用总面积约为 LCD 面板面积的 15~20 倍。

但由于核心技术、专利等因素，企业在发展光学膜方面困难重重，许多上游材料只能从海外采购。近些年，京东方、盛波光电、三利谱等企业力推上游产业链国产化，在同等品质下，会优先使用本土的光学膜产品。光学膜材市场的巨大前景，已吸引康得新、裕兴股份和东材科技等多家上市公司进入。

国内光学膜及配套产业链正迎来发展良机，因此国内光学膜企业在产品质量逐渐接近国际先进水平的同时，其生产成本较低、供货响应快速及品种规格齐全的优势将得以体现，国内光学膜及其产业链承接全球产业转移将是大势所趋。

（二）竞争现状和趋势

面板显示行业市场化程度较高，全球不存在占据绝对优势的垄断企业，中国市场上塑胶材料供应商按规模和实力可分为三个梯队：第一梯队由龙华等研发水平、工艺水平和管理水平较高，产品线较丰富的企业构成，主要面向下游终端跨国企业和上市公司、知名企业供货，订单来源较稳定，处于市场主导地位和绝对优势；第二梯队由具备一定的生产能力和

---

① 液晶显示屏（liguid crystal display），简称 LCD。

规模，有一定影响力的企业组成；第三梯队由众多以价格为导向、产品单一、研发能力较差的企业组成。

在全球反光材料市场，经过数十年的发展，我国反光材料行业逐步进入成熟阶段，出现了包括道明光学、常州华日升在内的少数具备较大生产规模、生产技术及工艺成熟、产品品质出众的大型反光材料生产企业。但中国反光行业的基膜材料基本依靠进口，因此龙华积极切入反光基膜的研发，全力替代进口，取得了良好的成效，推动了行业整体技术水平的快速提升，原有国外企业在中高端产品市场中的优势地位正逐步削弱。

在光学级塑胶薄膜领域，龙华所处产业链的终端下游是消费电子类行业，行业竞争激烈。主要厂商为抢占更多市场份额，主动"降价促销"。为保持适度的利润空间，背光模组、手机保护镜片企业把降价的压力也部分转嫁到塑胶薄膜等上游生产厂商。

长期来看，随着客户对产品质量要求的不断提高和下游产业向大厂商的逐步整合，具有高质量水准和规模优势的光学级塑胶薄膜厂商竞争力优势将进一步凸显。

四、博观约取，与众不同

(一) 两面受敌，各个击破

龙华产品得到市场认可前，美国 GE、德国拜耳和日本帝人三大进口品牌（均自产原材料）瓜分中国市场，其中 GE 因产品品类齐全，占据最大市场份额。龙华作为国内首家生产工业用 PC 薄膜的企业，主要通过模仿进口品牌的产品、规格，降低客户切换成本；以低于 GE 产品价格至少15%的报价，鼓励客户尝试；吸引原 GE、拜耳代理商或销售经理的加盟，迅速渗透渠道。这使龙华产品快速进入市场，并实现销售额的成倍增长。

随着产品质量日趋稳定，龙华树立了良好的品牌形象。但与此同时，国内竞争者正悄无声息地萌发。直到苏州客户李总提出解除合同①的要求，

---

① 合同约定：当市场出现更低报价时，客户有解除合同的权利。

龙华才感到形势的严峻。虽说这并不影响龙华拳头产品的市场份额，但意味着龙华将面临"后来者"势如雨后春笋般的现身。如何打败对手并扩充市场份额，是龙华必须接受的挑战。

果不其然，短短两年的时间，国内增加了十几条生产线且以市场量相对大的印刷级磨砂 PC 为主。"后来者"低成本的进入是靠国产生产设备投入获取的；相较于龙华产品品类多、制造能力强、研发水平高、运营经验丰富，"后来者"并没有居上。但是，随着终端厂商对低成本的需求导向，加之印刷用薄膜对品质要求不高，使需求链对低成本的诉求逐渐高于品质，这助长了"后来者"杀价的气势。龙华面临价格低于进口品牌而又高于"后来者"的"腹背受敌"的夹缝求生的窘境。但国外三大品牌由于成本、服务等相比国内不具有优势，市场份额逐步流入中国本土制造厂中。

面对严峻的形势，龙华依据产品的特点及用户对技术服务的诉求，采取不同的销售政策。如对原传统印刷级薄膜产品，由于客户零散，且单一客户使用量较小，龙华决定仍然保留分销模式，这样做的优点是避免投入过多的销售成本，缺点是让渡部分利润。而针对龙华新开发的光电类薄膜产品（如导光 PC 薄膜、硬化涂覆系列产品，客户集中且单一客户用量大，需要对客户提供及时且全面的技术交流与指导），龙华则采取直销或与代理商联合直销的模式。这样，龙华逐渐掌握了市场的主动权，同时形成了跟大客户深度合作、配套开发产品的趋势。

（二）向上求索，以弱俘强

龙华是在国内没有电路板膜材厂商的背景下成立的，类似的问题再次给龙华造成困扰：国际品牌供应商"看不起"龙华，拒绝供货；而国内原材料无法满足生产要求。龙华被"逼上梁山"，愣是用最便宜的注塑原料做出薄膜，而且质量没的说。供应商逐渐对龙华刮目相看，主动找上门来合作，帝人甘愿为龙华提供原料，只做原料供应商，把生产薄膜的业务交给龙华代工，两家"喜结连理"，互利共赢。

随着与原料供应商合作的不断加强，几乎日本所有高分子材料研发部门的领导（做亚克力、PC 的）都到过龙华。刁总也去过他们的研发中心、生产车间。

刁总清晰地记得到芝浦的三菱化学（原材料供应商）研发中心参观学习的情形。刁总刚走出机场，便看到接机的技术主任吉田正一神神秘秘的，当时没太在意。刚下车，还未踏入工厂大门，鲜艳的五星红旗出现在刁总的视线中，越发让他感到奇怪："三菱化学没有中国合资项目呀！"刁总心想。随即他进门看到液晶显示屏上"欢迎刁锐敏先生，特升中国国旗致以敬礼"一行字赫然醒目。刁总一怔，很震撼也很感动。

"刁，很感谢龙华把我们开发的新材料用在光学薄膜上，那材料就是为光学行业研发的，但之前没有一家公司帮助我们实现这个愿望。龙华做到了，很感谢你，感谢中国企业。"吉田不流畅地说。

"龙华也一直在探索使客户更满意的产品，希望以后我们一起努力。"刁总满心欢喜地说。

"刁，龙华让我心口都服，一起努力！"吉田说完，两人默契地笑了。

刁总心里感慨万千，龙华从起初被供应商嫌弃到现在被致敬，一路走来确实不容易。"果然是实力决定话语权！"

五、另辟蹊径，步步为营

龙华从电路板代工企业转入新市场，到主动挑战国际品牌，一路走来，在"激烈的战斗"中挨过"敌人"的揍，也"揍"过别人。龙华学会了隐忍以积蓄实力，也学会了主动出击：开发新产品、开拓新市场。

（一）身先士卒，获佳绩

随着科技的进步，笔记本电脑飞速发展，但原材料含有大量卤元素，存在污染环境的隐患，龙华主动承担社会责任，毅然开启研发无卤薄膜的先河。

在一次偶然的交流中，美国陶氏①得知龙华正在研发无卤薄膜，主动提出合作开发。

---

① 美国陶氏是一家全球领先的多元化化学公司。公司将可持续原则贯穿于化学与创新，为全球160个国家和地区的客户提供种类繁多的产品及服务，应用于电子产品、水处理、能源等高速发展的市场。

完成测试后，刁总跟陶氏合作代表一起到苹果总部展示产品。"It is unbelievable！"苹果总部接待人员第一反应是惊奇。因为很早之前苹果就向 GE 提出过无卤化需求，但 GE 一直认为不可能用无卤的材料做出符合要求的薄膜，然而龙华做到了。

这一成果不只实现了苹果的无卤化发展，半年后整个电脑行业推行无卤化，从底座到商标到每张薄膜都不再含"溴"，甚至推动了 SGS① 检测机构的发展。

随着与苹果合作的深入，笔记本"更薄"的需求传达到龙华的研发团队。

苹果想把笔记本键盘做成带有显示功能，类似于发光的手机键盘。德国厂商做的亚克力薄膜导光，很厚——有违苹果初衷。经研发人员的不懈努力，龙华最终用 PC 薄膜做出超薄的导光膜，使苹果电脑迈入"薄"时代。可以毫不夸张地说，现在及未来若干年只要看到有发光键盘的电脑，底下的那层薄膜一定出自龙华。

龙华不但做到了史无前例，高超的研发技术还为客户解决了"燃眉之急"。

三星 S4 手机有个智能显示皮套，为满足显示窗的光学效果，当时三星几乎找遍所有供应商。龙华得知消息，经过研讨，研发团队给出方案：三层膜贴合，即表面层和底层用高硬度的亚克力薄膜，中间层用高柔软度的 PC 薄膜。样品出来后，很快得到了三星的认可。

龙华的研发中心、UV（紫外线）实验室、制造部、深加工部是龙华新产品顺利推出的保障，而刁总似乎有准确捕捉市场信息的超能力。因此 3D 手机盖板项目一度国内只有龙华承接。PC 与 PMMA 复合板材要实现 3D 成型并完成膜层硬化，这在工程塑料领域几乎不可能。龙华经过 6 个月上千次的成型测试，终于实现 3D 成型，再次实现了"不可能"。这一创举在 OPPO（手机品牌）手机工业设计事业部王总拜访刁总前完成了，毫无疑问龙华提前为 OPPO 的 R9S 手机解决了玻璃与陶瓷背板贴合的成本问题，也为龙华与 VIVO（手机品牌）和华为的合作打下基础。

———————————

① SGS（即通用公证行）是全球领先的从事产品质量控制和技术鉴定的跨国服务品牌。

（二）攻难克艰，创奇迹

龙华的供应链遵循"宁缺毋滥"原则，核心原材料必须有保障，避免独家供货。在现有供应链体系中，龙华甄选优质设备供应商进行战略伙伴建设，共同面对并采取有效措施满足客户需求，从而进一步开拓市场。

为保证"二期产业园计划"的有效实施，打破国外垄断，龙华斥巨资引进东芝的斜拉式设备。然而，东芝的理念是"把设备卖给'懂它'的企业"，所以刁总及全体技术人员倾注太多心血，值得欣慰的是在征服日本原材料供应链的基础上，龙华最终征服了东芝设备厂商，同时让东芝看到了龙华人了不起的一面。

在东芝设备厂的试验线上，龙华简直创造了奇迹。东芝实验员用龙华优质的基膜做到 30 m/min 的线速度，这完全出乎东芝设计师的意料，也着实让他们大开眼界。东芝这条专利的斜拉式光学设备的问世，轰动了整个日本业界，然而龙华凭实力得到了这第一条生产线：全世界最快速度 40~60 m/min 的设备，真的太不容易了！龙华借助该设备可以把薄膜的光学结构拉到预设的角度即可贴合使用，且误差仅为正负 0.5 度。

"遇强则更强"使龙华在新的挑战中保持自我，也为龙华后续发展储备必要的物质基础。

（三）量体裁衣，满意百分百

龙华产品大多不是终端输出，很难获得终端顾客的评价。为保持企业的创新活力，龙华还格外关注客户的服务体验。

为增强客户的体验感，龙华先后成立昆山分公司和深圳分公司，并在海外成立销售组。海外市场的代理商制为龙华解决了资金回笼、人脉、账期、库存等难题。很多大品牌像惠普、三星等，研发中心在海外，工厂在中国，因此海外市场有认证的优势，且往往产生"墙外开花墙内香"的效应。

龙华超过 80% 的产品以直销的方式传递给客户。直销客户的特点是需求量大、专业性强、对原材料及品质要求极为苛刻。同样能及时满足大客户的厂商一定具备良好的品牌和口碑，精湛的工艺技术、优质原材料及雄厚的研发实力等。龙华有这样的大客户：3M。对大客户"专项产品匹配客户需求"的模式，可提高信息传递效率，同时提升龙华的产品工艺技术。

建立分公司使龙华在复杂多变的市场站稳脚跟，及时捕捉市场信息，降低客户成本，完善公司服务，保障客户的利益，提高公司的利润，提升龙华品牌的影响力。这是龙华做大做强的必经之路。

龙华不仅为大客户提供优质的匹配服务，还能提供家长式"呵护系列"的产品及服务。

中国是反光标牌最大的出口国，孕育了巨大的反光膜市场，龙华十余年前进入该领域。当时国内反光膜厂不具备棱镜结构技术，靠外购原材料进行贴合加工，市场被3M垄断，而且3M跟交通部一起编制中国道路交通规范。道明①不断投资试图打破被动的局势。

龙华看好道明，也看好反光膜市场，十余年间对道明"有求必应"：最初道明没有高端的技术，需要低端薄膜，龙华为它开发。道明热压棱镜技术的研发是秘密进行的，龙华此前并不知道它已研发成功。直到有一天，道明突然要彩色PC薄膜（当时龙华正在进行配套开发韩国厂家的彩色PC薄膜）。一般没有50卷的量，龙华是不会开机做的，而当时道明只要6卷。刁总预判道明的需求绝不止6卷，并告知研发部和生产部全力配合。就这样，6卷、12卷龙华相继配合，第三单50卷、第四单100卷，道明果然没有让龙华失望。

但反光膜有个缺点，即不耐候②，需要PC薄膜和亚克力薄膜贴合。为此，龙华把两层膜做成一张给道明，降低其成本。龙华相信道明就是下一个参与交通部标准编纂的企业。

龙华是国内唯一一家替代进口反光薄膜的供应商，以其工艺配套客户需求的概念保持生命力和竞争力，满足道明等企业的不同层次的需求。

目前很多产品，如果是龙华能唯一提供的，要么是国外品牌垄断市场，要么是龙华作为先创者走到了市场最前沿。客户能真切体会到龙华跟

---

① 道明光学股份有限公司，简称"道明"。
② 材料如涂料、建筑用塑料、橡胶制品等，应用于室外经受气候的考验，如光照、冷热、风雨、细菌等造成的综合破坏，其耐受能力叫耐候性。

国际品牌的不同：首先，交期很短；其次，国外品牌的产品基本是标准版，做不到量身定做，而龙华可以迅速提供与客户品质要求吻合的板材，同时避免客户不必要的膜材浪费。很多客户需要这样独特的产品服务，龙华不仅能做到，而且做得很好。

为做好这张"膜"，龙华布局"凤凰膜都"，已建成国内首条 2.0 米宽幅同步光学斜向拉伸生产线、全球首条 2.5 米超大幅宽 PMMA 偏光片基膜生产线，为实现偏光片核心膜材国产化，龙华分立新公司龙华相位①。

这是龙华的研发技术基础、原材料和设备的实物基础和产品服务的价值传递基础共同发挥作用的结果。

六、尾声

NH947 航班上，刁总望着窗外如星星般的灯火像一粒粒珍珠嵌在大地上。龙华风风雨雨二十几年，如今已然起飞。刁总不自觉地想到京东方在四川近千亿的投资，这意味着面板行业将又一次发展，这对龙华而言既是机遇也是挑战。

几年前，根据市场反馈，刁总完成了日本市场的考察和台湾供应链的调研，确定显示面板领域将是龙华战略转型的最大市场。龙华决心朝着原材料自给、打造龙华供应链的愿景砥砺前行。

但在当下复杂多变的环境中，龙华应主动"出击"还是等待"迎战"，还是应在"出击"的时候防御对手会出什么招或是在"迎战"的时候考虑如何向对手反击？这真是一个难题！

想到这里，刁总收回视线，把座椅调整到合适位置，轻轻闭上眼睛，准备把这些年各国调研的总结及与龙华有关的信息从脑子里调度出来，好好捋捋！

---

① 全称为龙华相位新材料（绵阳）股份有限公司。

【启发思考题】

1. 请结合龙华的企业背景，谈一谈龙华是如何一步步发展起来的。在这个过程中，龙华在哪些方面是"一枝独秀"的？

2. 结合案例的背景资料，你认为哪些条件促进了龙华的持续发展？它们分别是哪些层面的？

3. 请结合案例分析面对"敌人"龙华采取了什么行为，并谈谈龙华为什么要"与众不同"。

4. 请结合案例故事，分析龙华是如何"另辟蹊径"的。

5. 请结合行业背景资料及案例故事，分析在动态竞争中龙华是如何实现其发展的。

6. 如果你是龙华的总经理习锐敏，在动态竞争环境中为了实现龙华的"华丽转身"，你认为龙华应从哪些方面进行思考？并说明理由。

顺言摸因，安好外贸订单
流程管理之惑[①]

　　本案例适用于运营管理等课程。四川安好众泰科技有限公司（以下简称"安好"）是一家成立于2014年的中小民营企业，代理销售进口实验室仪器与耗材是其业务之一。2022年7月，一个已被安好取消的可能部分货物无法清关的外贸订单意外被美国供应商发货并抵达成都海关，考虑到与供应商的友好合作，安好积极处理此事，与供应商、成都海关在全部清关、部分清关部分退运、部分清关部分弃货三个方案之间不断沟通与尝试，最终得以解决。但之后，安好觉得好像哪里不对，一个合同金额仅为一万美元的外贸订单，对于从事外贸代理销售八年的安好来说，花费了近一个月的时间处理，时间成本太高，效率太低。是什么原因造成这样的低效率？又该如何避免类似情况的再度发生？安好想从为处理此事与各方的沟通记录中找出原因。这是值得安好探讨的问题，也希望能为其他类似的企业提供借鉴。

---

　　① 本案例由西南科技大学经济管理学院杨翠兰，四川安好众泰科技有限公司总经理范国刚、采购经理邹晚雨共同撰写，经中国管理案例共享中心授权使用。由于企业保密的要求，本案例对有关名称、数据等做了必要的掩饰性处理。本案例创作于2023年9月，案例中数据和信息等均截至该时间点。本案例只供课堂讨论之用，并无意暗示或说明某种管理行为是否有效。

一、引言

2022 年 9 月 2 日，安好 2022 年半年会上，采购经理自我检讨："7 月，一个合同金额仅为一万美元的外贸订单，却因为常规的清关流程，花费了我和外贸经理小王近一个月的时间，我总觉得哪里不对，但又不清楚问题究竟出在哪里，但这样的做事效率肯定是不行的，希望大家帮我分析分析……"

二、背景

（一）公司简介

四川安好众泰科技有限公司成立于 2014 年 4 月，以代理销售实验室仪器、耗材起家，位于"中国科技城"——四川省绵阳市，距离成都海关 100 多千米。截至 2022 年，安好业务已经扩展至实验室建设整体方案提供、实验室检测仪器研发和销售、外贸进出口代理服务及试剂耗材的销售三大板块。公司由研发中心、营销中心、运营中心构成。

截至 2022 年 12 月，安好有员工 20 人，平均年龄为 29.8 岁，办公场所及研发中心面积达 1500㎡，年营业收入 1500 万元左右。安好业务主要在西南五省（自治区、直辖市），包括四川、重庆、云南、贵州、西藏，客户主要是科研院所、大专院校、质检机构、企事业集团等，经过八年的发展，安好已成为业内具有一定知名度的实验室整体方案提供商。

（二）行业简介

实验室检测仪器是科学仪器的重要类目。全球科学仪器的发展可以追溯到文艺复兴时期，当时科学家既擅长科学仪器的使用，同时也是先进科学仪器的发明人，科学仪器和科学研究是伴生关系。20 世纪，科学技术的高速发展使得科学研究出现了分工，一批高水平的科研人员独立出来成立专门制造科学仪器的公司。21 世纪以来，美国、德国、法国等主要科学仪器制造国家纷纷设立专项资金发展"重大科学仪器"，同时，中国、韩国等新兴国家加快科学仪器研发，全球科学仪器行业进入加速发展阶段。

科学仪器行业上游为科学仪器生产制造原材料和零部件供应行业，中游为科学仪器研发制造行业，下游为科学仪器需求市场，主要需求者包括国家实验室、企业研发实验室、学校科研实验室等。

我国科学仪器行业起步较晚，近年来处于快速发展期，但我国仪器行业自主创新能力依然薄弱，一些高端产品与国际先进水平有差距。由于国产科学仪器难以满足科学研究的需求，我国在科研领域使用的科学仪器绝大部分依赖进口，科学仪器已经成为我国第三大进口产品，仅次于石油和电子元器件，我国大型科研仪器整体进口率约为 70%～80%。随着我国科研活动的不断增多，科学仪器市场规模不断扩大，预计 2026 年，我国科学仪器市场规模可超 1 万亿元。

三、事件起因：货物意外到港

2015 年，安好成为美国科学仪器公司美卡①的西南片区一级代理商。美卡的中国区总代是北京中泰②公司。因此，安好采购美卡的货物，一般遵循以下步骤：第一步，安好将采购合同初稿电子版发给中泰，中泰再将采购合同发给美卡；第二步，美卡对合同签字盖章后发给中泰，再由中泰发给安好确认后，安好将货款直接打到美卡的账户，美卡收到货款后将货物从美国直接发货给安好；第三步，由于安好位于四川绵阳，美卡的货物先到成都海关，在成都海关由安好委托的清关公司完成清关③后，美卡的货物才能被运送到安好进行销售。

2022 年 7 月 6 日，安好采购经理邹莉通过微信发送一份美卡货物采购合同初稿给中泰公司涂强，打算从美卡购买一批货物，包括 F57 滤袋、R510 滤袋、纤维标样、脂肪标样和托盘 5 种商品。

---

① 出于保密要求，美卡是化名。
② 出于保密要求，中泰是化名。
③ 清关即结关，即在货物入境时，货主向海关进行申报，在办理查验、缴纳关税等手续后，才可以提走货物。

2022 年 7 月 7 日，涂强将填好货物价格的采购合同通过微信回传给邹莉确认。7 月 8 日，邹莉和涂强就采购合同进行了如下微信沟通。

邹莉：涂总，那个合同传给美卡了吗？

涂强：我今天发给美卡，请再确认货物配置清单。

邹莉：确认无误。

涂强：好，等我消息。

2022 年 7 月 11 日，涂强将美卡签字盖章的合同发给邹莉，并进行了如下微信沟通。

涂强：小邹，趁现在成都机场国际航班是开放的，尽快办款，就能尽快到货成都，南京至今都没开，估计过几天上海又要关闭……因为中国的疫情防控，随时都有可能关闭对欧、美的国际航班货运入口，我们有单南京的合同，从春节后到现在，南京港口都是关闭的，实在没办法就改到上海做异地报关清关了，很麻烦。美卡来信说，货能很快备好，应该是现货。

邹莉：涂总，合同中的托盘可能要剔出来，具体我确认后再告知。

涂强：嗯。

2022 年 7 月 12 日，邹莉和涂强微信沟通。

涂强：尽快确定合同的增减。

邹莉：涂总，先只进 F57 滤袋和 R510 滤袋。

涂强：好。其他报关有麻烦。

邹莉：对。

涂强：再确认一下合同，只包括 F57 滤袋和 R510 滤袋。

邹莉：已确认。

双方在 2022 年 7 月 12 日对货物配置清单进行了调整，购买产品从 5 种调减到 2 种。之所以只进口 F57 和 R510 滤袋，不再进口纤维标样、脂肪标样和托盘，是因为邹莉在 7 月 7 日咨询安好外贸经理小王，两人微信沟通过。

小王：邹姐，纤维标样、脂肪标样和托盘分别是什么材质？

邹莉：纤维标样主要成分是苜蓿草（苜蓿草制品），脂肪标样主要成分是可粉，托盘主要成分是有一定耐受性的白塑料（塑料制品）。

小王：这三个产品中，托盘不能享受税收优惠政策，标样的 HS 编码①不好归，清关时可能会很麻烦。

邹莉：那就只采购滤袋。

2022 年 7 月 14 日，邹莉提醒涂强将修改后的合同传给美卡，涂强回复晚上跟美卡沟通。7 月 18 日，邹莉又一次提醒涂强将修改后的合同传给美卡，涂强回复 19 日应该有答复。

2022 年 7 月 19 日，邹莉接到涂强微信，告知货物已经到达成都海关，以下是微信留言。

涂强：小邹，我爸身体有点状况，家里的哥嫂让我回来带他去医院确诊一下，所以匆匆回到了重庆。这也是我犯错的主要原因，接下来，我想告诉你一个好事和一个坏事。好事是滤袋合同已经发货了，19 号，也就是今天中午已经到了成都海关；坏事是，请不要生气！不知道啥原因，美卡可能是没有看到我第二次发过去的、减掉了标样和托盘的合同，于是，按第一次合同发货了……

四、事件处理：不断沟通尝试

（一）全部清关

2022 年 7 月 19 日，接到货物已经按照第一次的合同到达成都海关后，邹莉和涂强有如下微信沟通。

邹莉：不好清关啊！

涂强：唉……只有辛苦你们了。

邹莉：款也没付啊！

涂强：这是没想到的。我想，一是因为中国信誉很好，所以即使安好没有付款，美卡依然发货了；二是怕疫情导致成都机场出现国际航班关

---

① HS 编码是一种国际通用的商品分类编码体系。

闭，赶紧发货了；三是应该没有看到（或者我没发走）修改后的滤袋合同……这把我整得很狼狈了。当下，只有对修改前的合同货物进行清关了。有劳了，有劳了！

邹莉：标样的详细成分是啥？我们在找 HS 编码。让美卡将发票及箱单发一下。

涂强：这个事是我犯的错。抱歉，非常抱歉。我马上把相关清关单据发给你。

邹莉：标样有没相关的分析证书。

涂强：没有，自标样，只知道材料和根据材料自己做的样品含量数据显示。

涂强：这是发货的相关单据，包括提单、发票、箱单、质量书。小邹妹妹，这是我的疏忽，修改后的合同应该是没发走。

邹莉：我们问了绵阳海关，海关让先归标样的 HS 编码，能否让你那边平常报关的人帮忙确定标样的 HS 编码？这个项目我们本来想以绵阳海关优惠政策（50101 耗材）进货，这样一来可能只能以一般进口贸易来处理，又要损失钱了。

涂强：损失我以后想法子补偿，好在金额不大，否则我心难安。我也想尽快协助你们清关。这事真是太意外了！

邹莉：今天先帮归下 HS 编码，明天绵阳海关的经办人要出差。

涂强：稍等。我们委托的外贸公司也没有对"标样"进行单独清关的经历。小邹，若这几天准备付款的话，请按照合同上的新的银行路径哦！别按以前的付款到历史账号去。

邹莉：明白。现在最紧要的是想办法清关。

涂强：嗯，就怕忙中又出错。

邹莉：需要提供标样相关的分析证书。

涂强：嗯，我转达。

2022 年 7 月 20 日，涂强第二次提醒邹莉及时付款，微信沟通内容如下：

涂强：小邹，美国暂时还没有回复。我在等你所需要的标样成分和分析证书。

邹莉：好的。

涂强：另外，合同已经这样了，那就及时付款吧，需要协助清关的地方，我们会全力。1 万多点美元，若不艰难，还请尽快办理付款之事。谢谢了！因为这是维持中国团队信誉优良的一个举动，即发货后尽量早付款。

邹莉：现在我们还是没有查到标样的 HS 编码。美金还差点，凑齐了支付。

涂强：美卡出口时的报关编码是可以参考的。而且最好保持一致，因为材料成分决定了它们的归类。

邹莉：标样按美国出口单上的编号在中国的 HS 编码中对应的是大类别，涉及进口药品通关单、农药进出口登记管理放行通关单等监管证件，而这些证件安好都没有，要新办的话时间长且安好不一定有资格办理。海关建议还是要拿到这两标样除了主要成分外的其他组成成分和分析证书，再去归中国的 HS 编码，如果还是归不了，就无法按一般贸易进关，可能就要退运！

涂强：一定不要退运，既损失财力又影响我们的信誉。换位思考一下就明白了：一番好意，结果退货了，那么以后就不可能有好意了。

邹莉：就是，最好能找到易于报关的 HS 编码，即使按一般贸易报关收货都可以，大家都好说。涂总，让美卡发下标样全部成分和分析证书，也可让与你们有合作的报关行帮忙归归 HS 编码，他们做的业务多。

涂强：好，我问一下合作公司。

2022 年 7 月 21 日，涂强将美卡自己做的（非第三方）标样分析证书发给邹莉，并告知邹莉美卡也很着急，担心给安好增加麻烦，并提醒说美卡也是一番好意，通常情况下不收钱是不发货的，希望大家能一起努力维护中国代理商的良好信誉。

（二）部分清关，部分退运

2022 年 7 月 22 日，经过安好外贸经理小王连续几天与清关公司①、绵阳海关、成都海关等多方的不断沟通，确认在现有 HS 编码下，全部清关几乎不可能。于是，邹莉和涂强就此进行了微信沟通。

邹莉：现在查到对应的 HS 编码还涉及卫生检验检疫审批，需要属地海关办理，绵阳海关没有办理过类似清关手续，昨天我们又在海关网站上传了很多资料，诸如安全控制文件、生物安全应急处理文件……海关说也还不知能否顺利报关，如果实在报不了看能否分批报，把不能报关的货物退运，但这种操作可能也行不通。

涂强：好的。

邹莉：现需要做标样的退运协议，麻烦跟美卡说下，同时需要美卡的收货地址。

涂强：我积极协助你们办好退运事宜，从业这么些年，没遇到这样的事，但我相信能顺利解决难题，大事化小。等货物顺利出关后，你们就先按照合同金额付汇，超出的部分（标样的货值）以安好下一个美元订单直接抵减。我再想办法在下一单给你们一些补偿。这次，就当咱们一起练兵了，真是没想到、没遇到。

邹莉：另外，清关公司告知，分票出来可能会产生很多费用，因为会增加很多流程，可能至少增加上千的额外费用。

涂强：费用这都不是事，让你们费心了。

从 2022 年 7 月 22 日至 7 月 25 日，小王一边跟邹莉联系，一边跟清关公司联系，同时，向海关提供了很多材料，编写退运协议，等美卡的退货地址和在退运协议上的盖章签字，以完成对滤袋、托盘的清关，对纤维标样、脂肪标样的退运。

2022 年 7 月 25 日，邹莉和涂强进行了微信沟通。

邹莉：涂总，两标样的外观图片有的话发我们一下，今天中介代办分

---

① 清关公司，指专门为安好办理清关手续的公司。安好地处绵阳，进口仪器大多会先到达成都海关，为节省成本，提高效率，安好长期与一家清关公司合作，让其在成都海关帮助安好完成清关手续。

仓单，申请一部分报出，一部分退运，但不能确保能一次性办理成功。还有现在成都有疫情，还不知海关监管仓能否允许分仓。

邹莉：涂总，退运协议需要美卡盖章。

涂强：明天上午盖。

邹莉：好。

涂强：退运费用，由北京出。

邹莉：OK。

（三）部分清关，部分弃货

2022 年 7 月 25 日下午，涂强给邹莉发微信，咨询可否部分清关，部分弃货。双方沟通如下。

涂强：退运费用与货物价值有关联吗？标准样的价值和体积都非常小。

邹莉：我问下。

涂强：如果退运产生了 1 万元人民币的费用，那还不如扔了。

邹莉：马上问。

涂强：嗯，只要能简便手续，减少费用，止损就是需要考虑很多事情。

邹莉：××的收货地址发下，先算下全部或部分退运的运费是多少。目前面临的问题是绵阳和成都海关都没有办理过这种部分报关、部分退运的单子。如果直接全部退运，流程和费用应是最简便和最低的；即便可以分仓，现在仍然还不能保证能顺利办理出来，因有进、有出两套流程要走，还要安好自己去成都现场开箱查验，时间超过 14 天，还要交滞报金，太费人力和精力，现在货物已到达快 7 天了，清关公司对这单已花了几天时间，海关也在催我们尽快处理，如果滞后报关处理会影响安好进口评级；关于弃货或销毁，海关对进口监管很严格，要求不能随意对进口货物申请声明弃货或销毁。

涂强：好的，谢谢，辛苦了。

邹莉：收货地址记得发一下哈，用来计算退运费用，比较退运和弃货哪个损失低。

涂强：嗯，明天发给你。

2022 年 7 月 26 日上午，双方又一次沟通。

邹莉：涂总，美卡的地址按合同上那个地址可以吗？

涂强：联系人电话地址，以及盖章的协议，还是需要美卡再确认一下。

邹莉：发过来了吗？

涂强：今天没收到，有时差。若是急需，我可以先给协议盖个章，但收货人信息务必要美卡确认才行，我的建议是再等一天。

2022 年 7 月 26 日下午，双方再一次沟通。

邹莉：先试着弃货行吗？

涂强：那我还向美国要退运协议的盖章件吗？若费用增加不多的话，我觉得能退运最好，因为弃货等于成本算在咱们头上了，货没拿到，钱掏了。退运虽然货没拿到，下次跟随其他货品一起入关是免费的。

邹莉：弃货没有中国到美国段的运费，1 千克运费跟运 10 千克差不多，退运还有两次报关费，弃货成本最低。所以我们现在是按照最低的成本操作，先弃货。弃货不同意再退运。

涂强：收到，等你们的回复。

2022 年 7 月 28 日上午，安好把弃货申明、弃货图片、数量、重量等一系列材料从绵阳送到成都清关公司手中，并一起前往成都海关办理清关事宜，下午终于得到成都海关通知，报进的滤袋、托盘已经清关完成，接下来走弃货的流程。

2022 年 7 月 29 日，涂强和邹莉又进行了沟通。

涂强：小邹，请催促一下进度。中美八月可能会有一些争端，而在这之前，我们必须保证所有合同的款项与货物互相到达。现在这票合同的货物主要部分已经出关，余下只是看海关如何处理"丢弃"的货物。我希望你们能尽快付款。这被迫丢弃的标样（纤维、脂肪各 5 个），我将通过别的机会尽快运往中国并快递到四川。

邹莉：OK。

2022 年 8 月 1 日，安好收到滤袋和托盘已经从成都发往绵阳的快递单号，并被告知标样的弃货申请也已经在成都海关办妥。8 月 3 日，安好收到滤袋和托盘。8月6日，安好向美卡付款完毕，所付款项包含被弃货的纤维标样和脂肪标样。

这单采购终于告一段落。

五、事件反思：效率低因何在

一个总金额 10000 美元左右的外贸订单，从 2022 年 7 月 6 日发出采购合同初稿，7 月 19 日货物到达成都海关，到 2022 年 8 月 6 日才清关完毕，用时整整一个月。

在这一个月中，安好采购经理邹莉花了大量的时间和精力与美卡中国区总代涂强、安好外贸经理小王沟通、协商，安好外贸经理小王也花了大量的时间与清关公司、绵阳海关、成都海关沟通，并在海关网站上传了大量的材料和信息。换句话说，安好邹莉、小王二位核心员工一个月里至少一半时间用到了处理这个外贸订单上。

不仅如此，截至 2022 年 9 月 25 日，安好支付了 10250 美元的货款，但却只收到 9950 美元的货物。

同时，正常情况下只需要支付 200 元左右的费用给清关公司，这次安好却支付了 1200 元。单独采购价值 9410 美元的滤袋，安好本可以享受 1000 美元左右的税收优惠，这次也没有享受。

思来想去，邹莉觉得，这单的处理有不当的地方，但究竟哪里处理不当？安好又可以从中吸取哪些经验教训呢？

【启发思考题】

1. 什么是流程？安好采购美卡货物的流程图是什么？

2. 货物到达成都海关之前，本次采购过程存在哪些瑕疵？

3. 货物到达成都海关之后，安好在清关上存在哪些值得商榷的地方？

4. 鉴于这次事件，你对安好有什么建议和意见？

A集团公司资金池实践之惑①

本案例适用于财务管理等课程。A集团公司是一家大型的电力施工企业，长期以来集团在资金管理方面始终存在着资金高度分散、贷款居高不下、财务费用高及融资议价能力低、内部清欠低效、资金监管低能的现象，2015年集团特搭建资金池来应对"三高""三低"现象。案例以搭建过程中出现的"三大难"为背景，分析了A集团公司在运用资金池以后取得的效果，以及早期在资金管理方面存在的问题和困难的解决情况；同时，结合内外部环境变化，分析了应用资金池管理后出现的新问题。本案例旨在引导学生通过A集团公司的资金池实践了解集团公司的资金管理难题，并进一步思考集团公司应该如何更高效地提高自身的资金管理水平。

一、引言

2016年12月的最后一天，蒙蒙的冬雨给天色增添了几分阴冷，刚从会议室出来的A集团公司董事长王董却无心在意这一点，他的思绪还停留在开会期间几位部门负责人的发言上，这次会议事关资金池实施后的成效总结：合作方的不力、分子公司的顾虑以及整合效应不明显等，大家似乎

---

① 本案例由西南科技大学经济管理学院蒋蓉、杜泽艳、钟文静和A集团财务总监何玲共同撰写，经中国金融专业学位案例中心授权使用。由于企业保密的要求，本案例对有关名称、数据等做了必要的掩饰性处理。本案例创作于2018年5月，案例中数据与信息均截至该时间点。本案例只供课堂讨论之用，并无意暗示或说明某种管理行为是否有效。

并不是很满意，怨言颇多，会上矛盾与冲突一触即发，会议气氛一度难以把控。回到办公室，王董仍然心绪难平，在办公室来回踱步，不经意间翻开桌上的公司发展历程手册，回想起当时上任时，意气风发，干劲十足，近年来数次改革历历在目，集团公司经营范围、组织结构、管理方式等发生了巨大变化，这期间的酸甜苦辣，百般滋味，难以细说……

2012年对A集团公司来说是全面改革、重组整合的一年：原多家民营企业改为集体所有制企业，建立资本纽带关系，处置低效企业，施工企业按照业务类别重新整合，剥离非核心业务，着力打造核心产业。完成改制后，由公司财务部主导，全面开展资金管理工作。自资金池管理模式正式落地中国后，国内诸多集团公司开始采用这一模式进行资金集中管理，该模式在电力施工企业也得到大力推行。A集团公司深受启发，决定引入资金池管理模式。转眼来到2016年底，A集团公司资金池的实施确实取得了一些成效，但同时也出现了很多新的困难。这又该如何解决？

二、案例公司简介

（一）A集团公司的成立背景

A集团公司前身为供电局劳务公司，成立于1979年，是电业局（国有特大型企业）成立的多种经营企业。1993年，劳务公司更名为电力实业公司。2002年，公司又根据电力多种经营企业改制方案成立资产管理中心，企业性质为集体所有制企业，注册资金为5000万元。该中心对改制后的电力多种经营集体企业的集体资产行使所有权，不开展生产、销售、投资等经营活动，以集体资产保值增值为目的，负责管理集体资产。同时，电力实业公司更名为A实业集团公司，主要经营范围包括对工业、商贸业、旅游业等行业开展实业投资和电力工程建设。

2012年，按照国网公司"主多分开"工作的统一部署，以省电力公司和市电业局关于多种经营企业进一步改制的意见为指导，以建立现代企业制度为方向，以"公司化改造"为内容，以"创新管理机制、建立企业间的资产纽带关系"为工作重点，按照公司法要求，推进企业改制工作。

A 实业集团公司更名为 A 集团公司，由资产管理中心出资收购。

（二）A 集团公司的发展历程

2012 年更名之后，A 集团公司出资收购了 8 家改制企业，建立了以资产管理中心为资本平台、集团公司为经营平台、所属各公司组成资本纽带关系的组织架构。资产管理中心作为市供电公司主办的集体企业，是国家电网公司主办的集体企业下属单位，受省级电力公司主办的集体企业统一管理，由市供电公司负责具体指导、监督。资产管理中心成立管理委员会作为中心权力机构，其中 17 名管理委员由市供电公司和 A 集团公司共同委派。改制后，A 集团公司经营范围涵盖电力建安施工、物资供应、电力设备制造、物业管理、教育培训及化工业等，包括全资公司 10 家、控股公司 5 家、分公司 6 家，设立总部职能管理部门 7 个。

三、火烧眉毛的那些年

（一）收购后严重缺血

2012 年，A 集团公司出资收购多家民营企业自然人股份，耗资约 2.5 亿元，实际支付约 1.4 亿元，其余资金暂由被收购公司垫付，导致公司缺血严重，资金周转十分困难，一度面临资金链断裂的风险。同时多数分公司由于垫支资金导致公司营运资金不足，集团总部也无多余资金可供调剂周转，虽有部分未垫支资金或回收较快的公司有多余资金，但集团总部又缺乏内部调剂手段，导致各公司对集团怨言颇多、质疑不断。

（二）中标后有心无力

改制前，各子分公司为了进一步抢占市场份额，扩大市场影响力，承揽了一些低价中标项目。同时，由于是电力公司主办，各子分公司又承担了安全、稳定等社会责任，对施工质量的要求较高，在投标报价中的竞争力不强，加上单位内部管理较为粗放，在产值增长明显的情况下，公司效益始终在低位徘徊，资金使用捉襟见肘。

由于资金管理未实现统筹安排，集团公司存在多头对外融资的情况，各公司独立与银行开展业务合作，进行短期贷款融资，信贷业务较为分散。譬如 2012 年，A 集团公司贷款规模 14730 万元，分布于 6 家公司，总体财务费用 1233 万元，综合利息率高达 8.37%。

2012 年 11 月 3 日，在集团公司例会上，分管项目的叶总提出，集团全资公司 JC 公司近期大力拓展外部市场，上月中标了两个大型施工项目，按照合同约定需垫付大量资金，但由于 JC 公司前两年承接的政府施工改造项目尚未完成财评，又遇政府领导班子换届，项目结算进度相应推后，JC 公司目前资金周转出现问题。因为之前集团公司收购 JC 公司股权时，由 JC 公司垫支资金约 2000 万元，现 JC 公司希望集团公司能够协调平衡，给予支持。总会计师张总表示，集团总部目前没有多余资金能够支持 JC 公司，收购股权已将集团资金耗尽，贷款方面公司基本已无剩余授信额度和可供抵押资产。目前各下属公司中，资金相对充裕的有全资公司 DJ 公司和控股公司 YX 公司，但在当前资金普遍不足的情况下，这两家公司是否愿意提供资金支持不能确定。同时集团内部各公司之间相互拖欠的现象十分普遍，集团公司对资金调剂的方式、成本等并无统一规定，若调剂资金不能及时归还，可能会对这两家公司产生不利影响。

（三）"户"多钱不多

2012 年下半年，A 集团公司审计处在对各子分公司开展摸底调查时发现，各公司银行账户数量普遍偏多，甚至有的多达十几二十个。项目部账户管理混乱，存在长期未使用账户未及时办理销户手续等问题，资金风险较大。由于经验不足和管控能力欠缺，A 集团公司对各子分公司的管理较为松散，各子分公司可以独立与银行开展业务合作，导致多头开户的现象存在。截至 2012 年 8 月，A 集团公司银行账户共计 179 个。

由于各子分公司经营状况及资金状况差异大，不同公司之间、同一公司不同项目部之间的资金配置状况不佳，致使难以有效发挥集团资金优势，主要表现为三点：一是由于不同业务具有不同的生产经营周期，导致在同一时点，部分公司闲置资金较多，部分公司资金紧缺；二是即使同为建安行业，也会因具体承接业务性质的不同而出现资金状况不同的现象，如果承接的是电力工程等大型工程，项目前期需垫付大量资金，中期还可能会遇到业务拨款不及时等情况，公司在资金上会比较紧缺；三是部分公司经营状况不佳，现金流状况不好，还贷压力巨大，负担高额利息费用。

2012年8月，A集团公司20个主体共有货币资金18995万元，银行贷款14730万元，但因为资金分散在各子分公司100多个账户上，加之集团公司的资金管控能力较弱，难以对沉淀资金进行统筹安排，导致集团总部可自由调度的资金仅有6476万元，占总金额的34%，资金的利用效率较低，不能发挥出集团公司的资金优势。

同时由于账户众多，资金分散，各公司的银行贷款利率一般为央行基准利率上浮20%~40%不等，远高于集团总部执行的贷款利率（央行基准利率上浮5%~15%），就以2012年融资情况为例，集团公司总体融资规模14730万元，融资主体6个，分布在9个银行，单个银行融资金额500万元~3000万元，贷款利率5.8%~8.4%不等，利率普遍偏高。部分公司由于还贷能力较差，甚至需要依赖集团总部支援还贷资金，集团公司难以对整体资金风险进行控制。

（四）历史的"三角债"

由于刚完成整合重组，且先有子公司再有母公司，因此母子公司间业务联系不够紧密，加上县区建筑安装子分公司是委托当地供电公司管理，集团公司管控能力不强，各公司因利益冲突各自为政。同时各公司历史关联交易频繁、关系复杂，部分公司又涉及关闭、重组、划转等重大调整，导致普遍存在多个公司共同参与同一项目施工的情况，又因管理粗放、资料缺失、人员更换等，大量历史拖欠和"三角债"长期得不到解决。尤其是施工企业对设备制造和物资供应企业的内部欠款高达几千万元，账龄较长，且多家施工企业相互之间欠款复杂，清理难度较大。

改制后，由于资金尚未形成系统管理，集团内部的历史拖欠、相互扯皮导致复杂的"三角债"得不到清理和解决，集团缺乏统一的内部资金划转平台和管理手段。同时，总部对各公司资金管理的监督也成为纸上谈兵，集团企业资金的规模效应难以发挥。

四、一个理念、四位一体

(一) 理念先行

针对公司组建初期资金管理存在的问题，A 集团公司于 2012 年 9 月开始着手搭建公司资金池，出台了一系列资金管理办法，适应性调整组织架构，采用"资金收支两条线、资金全过程预算管控"的方式，对所属各子分公司资金进行集中管控，2012 年 10 月开始试运行。

(二) 账户归集

集团公司着手搭建资金池，第一要务是全面清理银行账户，并对子分公司的银行账户实行统一管理。

1. 选择银行设立集团公司资金池专用账户

搭建资金池，第一步是选择合作银行，这也是非常关键的一步。A 集团公司调研学习了其他公司资金池管理的先进经验，走访当地多家银行，充分比较各大银行的服务质量、收费标准和管理经验，听取多方建议。同时结合当时集团各公司银行账户分布及资金使用情况，最终选择了与公司有长期合作关系、网点分布较多、资金池管理经验相对丰富的工商银行、农业银行及中国银行作为集团公司资金集中管理的合作银行，设立集团公司资金池专用账户，并签订了三方现金管理协议，协议对银行每日定时归集上划各公司二级收入账户资金、资金结算中心日常结算业务办理及向各公司二级支出账户（基本户）拨付日常费用等事项作了具体约定。

2. 分别设立一级和二级账户，实现资金归集

A 集团公司结合行业特征和自身业务特点，成立资金结算中心，负责资金池总体运行，包括集团资金的总体筹划、账户开立及注销的审批管理、资金管理制度的建立完善及资金预算的审核监督等。在实施资金池之前，A 集团公司银行账户共计 179 个，为此集团总部要求各公司全面清理现有账户，在集团公司一级资金池账户的合作银行中，自行选择银行，限期完成资金池二级收入和支出账户的开立或调整上挂工作。各公司资金实

行收支两条线管理，除贷款、保证金等专用账户外，只能在合作银行开立一个二级收入账户和一个二级支出账户。

A集团公司通过搭建总部一级账户、子分公司二级账户的资金池管理模式，按照收支两条线进行资金管理，实现闲置资金和银行贷款的统筹管理和集中调配，以低成本的内部融资取代高成本的外部融资，使集团资金形成"拳头"效应。

3. 对银行账户数量进行严格控制，适度授权和完善内控

A集团公司实施资金池管理，目的就是要化零为整，实现资金集中，而资金集中的前提和关键就是银行账户的集中。一方面是对已有账户的压缩，另一方面是对新开立账户的控制。为了利于总部对资金池的总体控制和监督，A集团公司要求各子分公司资金池账户均对集团公司进行授权，集团公司可对所有挂接的二级账户进行查询，及时掌握各公司资金流向和资金余量，便于对总体资金的平衡调剂和统筹支配，同时，所有二级账户均可线上查询收款和资金归集情况，掌握资金收支及结余动态。

（三）制度保障

A集团公司改制组建以来，为适应依法治企要求，实现集团统一管理，各级公司主办单位及公司内部均新建了一系列管理制度，包括工程、物资、财务、人资、审计、考核等各方面内容。资金池管理涉及集团公司生存发展的关键问题，市供电公司针对集体企业财务及资金管理出台了相关管理办法，集团内部在此基础上制定了资金、账户、支付、核算等一系列实施细则，完善了集团内部资金管理流程，细化了资金管理岗位职责，成立了二级资金管理小组，按月对各公司资金预算实施情况进行审核与评价。

（四）组织优化

为保障资金池管理模式顺利运行，公司组织成立了以集团公司总经理为组长，分管项目副总经理、总会计师及财务部负责人为成员的二级资金管理小组，负责组织制订资金管理相关规章制度，审批各公司月度资金预算，对资金预算执行情况及各子分公司资金管理工作进行监督和考核等，

并在财务部设立资金集中管理办公室。

同时为了提升资金管理质效，集团公司资金池实行扁平化管理，即集团公司总部设立资金结算中心（与集团公司财务部合署办公），总体负责资金池管理和资金调剂工作；各子分公司"一把手"为本单位资金管理第一责任人，不再单独设立资金结算中心，只在财务部设立资金管理岗位，负责本公司资金池业务相关管理工作。

（五）预算管控

通过梳理 A 集团公司资金池的推行过程，我们可知，严格的预算管控是一个必不可少的核心环节。A 集团公司资金预算严格按照要求履行审批程序，包括编制上报、汇总审核、审批执行、预算调整、评价考核五个流程。

五、现实的"三大难"

2012 年改制完成后，针对公司组建初期存在的资金管理问题，A 集团公司通过比较选择了资金池这一资金管理模式，积极筹划，设计了一整套详细的操作方案，并对具体做法进行了规定，希望通过资金池的构建，解决现有资金管理中存在的难题，达到集团公司统筹资金管理的目的，高效调配集团内部资金余缺，发挥集中管理优势，使资金形成良性循环，提高集团公司资金使用效益。然而在实际实施过程中，由于缺乏经验及其他因素影响，A 集团公司在资金集中管理、资金预算控制、风险防控等方面仍存在一些问题。

（一）合作银行难协调

实施资金池管理过程中，A 集团公司财务部在合作的三家银行开展了综合授信业务，由集团总部分割授信额度到各成员企业。同时各二级账户资金实时归集至一级账户，集团总部对融资事项进行统筹安排，资金集中度提高，融资业务的议价能力提升，极大地争取了银行的优惠利率，贷款年利息呈现逐年下降的趋势，具体见表1。

表 1　贷款情况统计表　　　　　　　金额单位：万元

年度	贷款金额	财务费用	综合利息率/%
2012	14730	1233	8.37
2013	13260	1014	7.65
2014	12190	853	7.00
2015	9800	675	6.89

但也是在合作银行方面，由于 A 集团公司大幅削减银行账户数量，各地协办行利益受损，由此给集团公司资金集中管理造成了一定困难。针对该情况，各合作银行承办行对协办行给予了适度的利益补偿，并由总行进行一定程度的内部利益协调，在绩效考核方面进行还原，但协办行服务态度消极、业务办理低效等情况依然无法避免，限制了 A 集团公司资金集中管理的步伐。

（二）子分公司难"拿捏"

A 集团公司经营范围涉及电力建安施工、物资供应、设备制造等，各行业经营周期和资金回笼周期不同：电力建安施工行业每年资金量与国家电网公司对电网基建、技术改造及城农网改建等项目的投入力度及在各省市间的分配比例息息相关，且大部分资金均在每年下半年甚至年底才能拨付到位，该行业普遍存在前期垫资的情况；设备制造行业储备存货及产成品耗用大量资金；化工业主要生产黄磷，使用当地水力发电，夏季丰水期成本较低，利润较高，冬季枯水期则相反。实施资金池管理后，A 集团公司资金结算中心根据各二级资金账户归集资金情况，适当进行内部调剂，合计解决临时性资金缺口约 4300 万元，如表 2 所示。王董明白：如果增加 4000 万元半年期短期贷款，按照年利率 5% 测算，将增加 100 万元利息费用。由于内部短期资金调剂时间多为 1~2 月，大部分调剂资金没有向被调剂单位支付利息，仅有一家公司因调剂时间长达一年，按照银行同期贷款利率下浮 10% 支付了利息费用。

表2 2012—2015年分行业、分季节年平均资金收支情况统计表

单位：万元

行业类别	项目	一季度	二季度	三季度	四季度	合计
电力建安施工	收入	7890	8360	15840	18360	50450
	支出	11530	9710	12650	17880	51770
物资供应	收入	930	680	530	1040	3180
	支出	580	1130	690	460	2860
设备制造	收入	2540	810	1490	7020	11860
	支出	3990	4760	1750	1840	12340
物业管理	收入	1860	1240	1100	550	4750
	支出	1170	1050	1130	1280	4630
教育培训	收入	350	390	420	480	1640
	支出	280	310	490	570	1650
化工业	收入	2840	5930	7690	3210	19670
	支出	4210	5170	6650	4030	20060
合计	总收入	16410	17410	27070	30660	91550
	总支出	21760	22130	23360	26060	93310
短缺资金量合计		−6460	−5750	−520	−1640	4300
节余资金量合计		1110	1030	4230	6240	

但问题也恰恰源于此，一是部分资金相对充裕或融资形势较好的子分公司，由于集团公司资金池管理并未给其带来实质性好处，出于自身利益考虑，对资金集中管理工作较为抵触，配合度不高，甚至持反对态度，恶意增加当月资金支付需求，阻止集团公司调剂资金，导致集团公司资金调剂空间缩小，调控能力不足；二是部分公司诟病集团公司资金结算中心对结余资金的增值管理能力，资金结算中心职责由集团公司财务部履行，由于管理经验、人员素质等问题，加上上级单位和主办单位对投资的谨慎态度和管理要求，结余资金的增值业务几乎未开展，未能充分发挥资金集中的优势。

（三）预期效益难实现

在 2016 年年末集团总结大会上，针对资金池运行存在问题的讨论中，总会计师张总首先发言，提出了集团在资金预算管理上存在的几大问题。他说："一是虽然制订了资金管理相关制度，但资金预算相关规定较为笼统和宽泛，对资金预算细化程度、资金预算执行情况等细节要求不清晰。二是资金预算编制缺乏科学的筹划和分析，仅是简单的数据汇总，受业务人员工作经验、责任心等因素影响，预算管控形同虚设。三是集团公司对各子分公司资金预算执行的约束力不强，缺乏预算执行事中控制，资金预算变动过于频繁。这些都表明了资金预算管理缺乏刚性。"

唐经理这时皱了皱眉说："还有一点，集团公司对各子分公司的资金并没有实际控制权，且部分县区公司委托当地供电公司托管，风险控制能力较弱。一是虽然集团公司对银行账户管理有相关的制度规定，但各单位是否新开立账户主要建立在自律基础上，集团公司可以通过一级账户查询各公司资金池账户情况，而池外账户成了管控盲区，部分单位池外账户开立和注销较为随意；二是对各子分公司资金管理较为松散，大额资金支付审批流于形式，存在有意拆分资金的情况，资金使用相对无序；三是集团公司仅了解各子分公司资金池银行账户余额情况，对其内外部资金收支具体情况无法掌控，池外账户的资金更是脱离管控。"

审计处谢处长提出："集团公司虽然设置了独立的内部审计机构，说实话，很多时候采取的还是事后检查评价的方法，忽略了事前和事中的监督评价，事后检查评价的结果又往往停留在纸上谈兵阶段，没有对整改结果进行跟进和评价考核，导致'问题年年有，年年老问题'。我也想解决这些问题，但我明显感受到人手不够，经常来了一个助手过不了几个月就离职了，我一个人也力不从心啊，很多时候我感觉我就是形同虚设。"

财务部李部长补充道："公司一体化信息管理系统尚处于初级阶段，主要以会计核算软件为核心，采用财务软件搭配 Execl 表格的方式进行资金管理。对于一个集团公司的财务来说，这明显制约了资金预算管理的效率和效果。"

六、结束语

不知不觉，一个多小时过去了，夜色已近，王董意识到：大额资金的支付审批、风险监督预警、集团资金分析等等都需要一个完善的信息系统做支撑，要充分发挥资金池的作用，提升集团资金管理质量和效率；必须依赖于公司信息化水平的提升，要将信息化建设提上日程。但是对于子分公司的怨言又该如何平息呢？与合作银行的信贷关系又该如何维持呢？王董不禁心头沉重起来，深深地吸了一口气，资金集中之路究竟在何方？

【启发思考题】

1. A集团公司初期资金管理的特点是什么？存在什么样的问题？

2. 针对资金管理中的问题，A集团公司可选择哪些资金管理模式？最终它选择了哪种模式？

3. 选择的资金管理模式产生了什么样的经济后果？

4. 假如你是王董，针对A集团公司实行资金池管理模式存在的问题，你认为可以采取哪些解决对策？并谈谈该案例对集团公司资金集中管理的启示。

授人以"鱼"，不如授人以"渔"：泓森包容性创新发展之路①

本案例适用于创新创业管理等课程。当前中国经济发展进入新常态，但发展不平衡不充分问题依旧突出，金字塔状的贫富不均状况仍然存在。精准扶贫虽有效地实现了贫困地区和人民"脱帽"，但如何巩固脱贫攻坚成果，防止返贫，推进全面脱贫和乡村振兴的有效衔接仍需各方关注。尤其是西部偏远山区，由于交通不便，"脱贫攻坚战"难攻难守。因而，与农民有天然联系的农业企业应如何迎接挑战，创造机遇，成为亟待思考的问题。本案例以广元市泓森农业科技有限公司②（以下简称"泓森"）为背景，结合丁彬瀚自身经历和泓森的坎坷发展历程，描写了泓森基于 BOP 群体③，进行包容性创新的实践，展示了泓森在逐步突破自我并不断发展壮大的过程中是如何参与"精准扶贫"，履行社会责任并打造其独特竞争优势的。

---

① 本案例由西南科技大学经济管理学院李海红、张霜、周旭、何蓉、雍梦婷共同撰写，经中国管理案例共享中心授权使用。由于企业保密的要求，本案例对有关名称、数据等做了必要的掩饰性处理。本案例创作于 2022 年 6 月，案例中数据和信息等均截至该时间点。本案例只供课堂讨论之用，并无意暗示或说明某种管理行为是否有效。

② 创建于 2015 年，该公司是基于现代企业制度创建的科技型农业企业，立足高新技术产品的研究与开发，注重产、学、研相结合，主要开展食用菌的生产、食用菌生产技术和品种的研发。

③ BOP（bottom of the pyramid）群体主要指发展中国家低收入人群，这类人群数量不仅比 TOP（top of the pyramid，金字塔顶端）人群数量大，而且人口和收入增长速度比 TOP 人群快。

一、引言

2022年初春，四川的天气一反往常，虽说气温有所回升，但阴雨居多。而这恰好对羊肚菌①的生长、采摘极为有利。

一大早，广元羊木镇数百亩羊肚菌棚中呈现一片繁忙的景象。工人们有的采摘、有的装箱、有的运输，热火朝天地忙碌着。经过菌种制备、整地播种、营养袋添加、保育催菇、出菇管理，在零添加的情况下，菌棚里一朵朵羊肚菌如撑开的小伞，长势均匀、大小适中、褐顶白杆，煞是惹人喜爱。

泓森总经理丁彬瀚在采摘现场查看羊肚菌的采摘情况。他小心翼翼地把刚采摘的羊肚菌放到保鲜的泡沫箱中，边看边轻放。"今年的菌朵不错"，他心里很是满意。眼前这场景是对泓森首次进行羊肚菌菌种生产的最大肯定，丁彬瀚心里有些激动，脸上洋溢着自信的笑容。

经过近几年的发展，泓森开始将自身产业链延伸至菌种生产。前年，泓森与绵阳市农业科学研究院和西南科技大学农学院洽谈，一致达成"建立羊肚菌菌种厂"的协议，一来解决泓森自身菌种供应问题，二来帮助当地羊肚菌种植户降低种源成本、保障品质。

然而，筹措菌种厂并不是一件说做就能做到的事情。单单母种和原种的制作及培养，就对培养基和生产环境有严格的要求，还不用说这是泓森首次生产羊肚菌菌种。

丁彬瀚心里塞满了沉甸甸的责任和压力，生怕菌种厂的投入得不到预期的回报，更怕辜负父老乡亲的期望……

"自己作为一个土生土长的农村娃儿，凭着一股冲劲儿，能走出一条路，相信也一定能带领更多人走出一条更宽广的路来！"丁彬瀚时常这样鼓励自己。更何况有政府的支持、科研院所的合作、高校的智库，还有乡亲们脱贫致富的渴望……丁彬瀚感到底气十足！

---

① 羊肚菌属真菌，菌盖近球形、卵形至椭圆形，表面有似羊肚状的凹坑。

抬头看到眼前收获的景象，丁彬瀚不禁想到了自己刚创业那会儿的踌躇满志，以及……

二、退而结网

都说穷人的孩子早当家，这话在丁彬瀚的身上体现得淋漓尽致。

出生于四川广元一个偏远山村的丁彬瀚，由于身处山高坡陡、土地贫瘠的恶劣环境（甚至有"山高摔死鸡"之说），自幼便深知生活的种种艰辛。家乡的祖祖辈辈从事传统的农业种植，靠着"一亩三分地"，一年到头来收获的还不如付出的多，家里的收入几乎全依赖年轻人外出打工，造成多数家庭聚少离多。丁彬瀚目睹了家乡老人无人照料、儿童无人教育，他看在眼里，急在心里。由此，小小的他萌生了大大的梦想：改变家乡贫困落后面貌。

2007 年，丁彬瀚怀揣着梦想进入大学学习。异地求学，他看到了城市居民悠然自得的生活，对比家乡父老艰辛的日子，他返乡创业的决心越发坚定了。

因此，大学期间，丁彬瀚不但在学校表现优异①，还曾利用课余时间查询适合家乡致富的项目，寻求适合家乡发展的产业，对多项农村农业发展项目进行深入的学习和研究，并曾让父母于实践中尝试种植魔芋、金银花、天麻等。

在一次偶然与亲戚的闲聊中，丁彬瀚得知广元市朝天区近几年大力发展香菇产业，而且效益不错，这让他跃跃欲试。加之广元地处秦巴山区，气候差异大，食用菌品类丰富，且适合菇类生长的原材料随处可见，丁彬瀚将目光瞄向"食用菌"。

---

① 丁彬瀚在内江职业技术学院就读期间，担任过班长、辅导员助理、学院组织部干事、机械工程系组织部副部长、学院学生会副主席、机械工程系学生会主席，学生党支部书记助理等职务；曾先后获得"国家奖学金""国家励志奖学金""四川省综合素质 A 级证书"，以及学院"奖学金"等奖励，并获得了"四川省优秀毕业生"，学院"优秀共产党员""优秀学生干部""优秀团干部""三好学生""暑假社会实践先进个人"等荣誉称号；曾被选为内江职业技术学院第二次党代会代表。

2013 年，丁彬瀚在西南科技大学机械设计制造及其自动化专业①毕业后，顺利进入绵阳一所高校任职，月收入过万元。高校相对舒适的工作条件和丰厚的待遇，也是一种不错的选择，但丁彬瀚心里装着"大我"，毅然决然地做出了出人意料的决定。

2014 年，他怀揣心中的梦想，在父母的责备和乡邻异样的眼光中投入"返乡创业"的浪潮，当上了一个地地道道的"职业农民"。

2014 年 9 月，丁彬瀚吸纳两名投资人，组建起小型创业团队，从事食用菌种植、技术研发与推广，在朝天区羊木镇建立了第一个食用菌种植基地，踏上圆梦之路。

2015 年，丁彬瀚成立了广元泓森农业科技有限公司、广元市霖兴菌类种植专业合作社②，并组建团队探索"高校+公司+合作社+农户+扶贫"模式，并在镇党委政府的帮助下，公司、合作社、农户建立了三位一体的利益联结机制，实现由一家一户"各自为战"的小基地到"抱团"建立产业联盟对接大市场的转变，为农民增收保驾护航。

三、先苦后乐

（一）苦

热爱家乡这片热土的丁彬瀚，深谙家乡的现状和不足。为此，他曾到多地进行考察和学习，看到了家乡和外界的差距。

凭借在外求学的知识和经验积累，加上返乡创业的高涨热情，丁彬瀚带领乡亲们践行着"要想富，先修路"的责任与担当，他主动挑起了连接家乡与外界互联互通的"修路"的使命，即使在遇到阻挠时，也毫不畏惧。

---

① 丁彬瀚凭借在内江职业技术学院的优异表现，获得了在西南科技大学继续学习（专升本）的宝贵机会。

② 经营范围包括：食用菌、魔芋、天麻的种植、收购、初加工、销售；食用菌、魔芋、天麻生产、技术推广；菌类生产材料储存、运输、包装等服务；积极引进新技术、研发新品种，开展科技培训，提供技术交流和咨询服务。

丁彬瀚读高中时就意识到修路的重要性，深知要想富、要发展，必须有便捷的交通作为纽带。但当时国家尚未大力投资建设乡村道路，修路资金是由政府出部分、农户集资和社会捐赠共同构成的，当时很多村民反对集资，这其中包括丁彬瀚的父亲。

丁彬瀚不得不先从说服父亲做起。说服父亲后，和父亲一起做左邻右舍的思想工作，好不容易说通村民支持集资修通村委会的主干路。随着公路修通，家庭条件好些的村民盖起了楼房，逐渐地靠近主干道的部分组①开始由主干道向各组、各组向各户修路。但丁彬瀚所在小组的 32 户村民，由于人多，思想较难统一；部分小组成员思想仍然保守，注重眼前利益②，不具备长足视野；组内人员居住较为分散，集资方式和资金占比较难统一……修路困难重重。

这不，原本已经同意修路的刘大妈，临时变了卦，让组长很是无奈。丁彬瀚多次登门拜访，动之以情，晓之以理，终于做通了刘大妈的工作。

原来丁彬瀚了解刘大妈家的情况后，告诉她路一旦通了，她到女儿家里就方便多了，大大缩短了路程，而且下雨天出门也不用担心摔跤了。另外，刘大妈的儿子有两个果园，果子年年长势不错，但年年因为路太波折，造成路上果子磕碰，再加上运输时间较长，导致果子到城里损伤一半。通路后，这些问题都不复存在，而且快递也可以快捷地送到村里，不但便捷了村民网上购物，还能有效地帮助农民销售农产品。当然受益的不只刘大妈一家，还有更多因交通阻塞，造成生活勉强自给自足的村民。

为了把组里路接通，丁彬瀚协助组长召开多轮会议，收集分歧意见，然后有针对性地分别沟通，给组里人讲解修路的益处，分享交通便利地区的发展情况，描绘通路后的发展蓝图，就这样一次次，一回回，终于说服组里村民修路……

在国家精准扶贫政策的驱动下，在丁彬瀚的带领之下，家乡逐渐实现了由"无路—土路—水泥路"的跨越，极大地方便了群众出行的同时，也为农村产业提供了有利的发展条件。

---

① 一个村由 3~10 个小组构成。
② 如不愿意占自己的土地、不愿意参与集资等。

当然，在修路的同时，丁彬瀚积极开展科普知识、乡村文化宣传和产业发展技术培训、指导。在省、市级业务主管部门的指导下，在区教科局的领导以及统筹安排下，作为朝天区的科技特派员，丁彬瀚结合自身岗位，扎实开展科技特派员工作，取得了一定的成效。通过宣传活动使村民摆脱沉淀沉久的愚昧和无知，推动乡村文明建设，为"乡村振兴"做铺垫。从以前传统农业种植到发展乡村产业，绝大多人缺少的是技术和经验，丁彬瀚通过外出学习和亲身实践，义务培训、指导，为产业发展提供有力的技术保障。

然而，在丁彬瀚疏通外部工作的同时，泓森的发展却出现了制度建设不完善的问题。泓森股东缺乏制度的约束，仅凭兄弟间的友谊终究会暴露出问题。果不其然，2017年，丁彬瀚与股东产生分歧，并且在处理分歧和协调矛盾上花费了大量时间，严重阻碍了泓森创业发展的顺利进行，甚至错过了一些非常好的机遇。

加之丁彬瀚非"科班出身"，缺乏基础的专业知识，因此也遇到了不小的困难和阻力。为保证泓森食用菌产业的正常运行，丁彬瀚聘请了邻乡的一位具有十年从事食用菌种植经验的菇农作为公司的技术顾问。然而，作为"土专家"，菇农的品种研发和技术指导能力都十分有限，且研发的产品质量较低，导致价格比同类品种低1~2元。

经过三年的运营，泓森逐渐出现亏损，到2017年的时候，泓森基本处于瘫痪状态，甚至难以支付员工的工资。在泓森几乎面临破产的情形下，丁彬瀚没有屈服，多方奔走，积极寻求政府的帮助与扶持。

由于自身经费不足、技术低下，泓森不得不积极寻求同类型企业及高校、科研院所的合作、帮助，谋求出路。

（二）乐

经历了重创，泓森意识到小微企业单打独斗是难成气候的。

为了拯救泓森，2017年3月，丁彬瀚回购了另外两名股东的股份，调整了公司战略，寻求新合作伙伴，打破孤军奋战的被动局面。

在政府的扶持和帮助下，泓森多次外出市场调研并与食用菌行业前辈交流，对产业发展做出重要战略调整。受资金约束，泓森无法扩大规模，为实现稳中求生、稳中求胜，泓森主动寻求与庆丰源①、野森哒②、岚晟③建立合作，组建"泓森源食用菌产业企业联盟"④，扭转了三年连续亏损的局面，逐步实现盈利并在行业中找到一席之地。

作为新生公司，泓森存在技术匮乏、运营模式较传统、市场客户群欠缺等问题，加之农户保守的思想观念及管理经验不足、市场敏感度欠佳等，泓森前期运营失败。而庆丰源有丰富的理论和实践经验，经济实力雄厚，还有一批技术骨干常年从事香菇菌种研发，行业信誉度高。因此，泓森主动寻机与庆丰源建立稳定合作关系，双方共同商议决策、共用最先进的生产设备，有效地提高了香菇的产量和质量，有利于促进泓森亏损局面的扭转。

然而，随着越来越多种植户的加入，香菇行业竞争加剧，利润也随之降低。这时泓森不得不考虑产品品类的转换。在一次农产品的展销会上，野森哒的金耳⑤吸引了丁彬瀚的目光。

为了丰富产品品种，泓森积极与野森哒联系，并建立长期战略合作关系。双方在技术攻关、市场开拓、人才互通等方面达成一致，并签订协议。丁彬瀚和技术管理人员每个月到野森哒参加一次协商会议，学习最新的高端食用菌种植和初加工技术。

与野森哒在羊肚菌和金耳方面的合作，第一年便为泓森创造了利润，一下扭转了泓森连年亏损的惨局。此外，与野森哒的合作，促使泓森成功申请了1项食用菌种植技术专利，并拿到广元片区的菌种销售代理权，大大拓宽了泓森的市场范围。

---

① 全称：南郑县庆丰源食用菌开发有限公司，从事食用菌历史悠久，有丰富的理论和实践经验，经济实力雄厚，有一批技术骨干常年从事香菇菌种研发，行业信誉度高，因而被确定为香菇种植方面的合作伙伴。

② 全称：广元市野森哒种植专业合作社，主要经营羊肚菌、金耳、灵芝等高端产品，市场前景广阔，被确定为高端产品方面的合作对象。

③ 全称：四川岚晟生物科技有限公司，主要从事工程和技术基础科学研究，主营产品精加工，海外市场资源丰富，因而被确定为拓宽市场方面的合作对象。岚晟注册资金6000多万元，年产值几个亿，是一家实力比泓森强很多的企业。

④ 联盟实行年底分红，每三个月召开一次会议，按照股份制企业投票表决的方式决策，力争各方利益的最大化。

⑤ 金耳含有蛋白质、脂肪、碳水化合物、矿物质、维生素、胶质等营养成分。

虽然在与庆丰源和野森哒合作后，泓森的食用菌种植和初加工技术得到明显提升，市场范围也大大拓宽，但随着高端食用菌人工生产技术的推广和普及，国内市场受到严重威胁。为使产品不受国内食用菌市场销售变化的影响，泓森主动与岚晟洽谈，最终就"共建海外市场"达成一致。两家公司每一个半月召开一次讨论会，共同决定下阶段的海外销售目标和计划。

为了使联盟关系长效运营，泓森牵头组建"泓森源联盟"，联盟以合作伙伴为基础，借助技术支撑提升企业技术水平和市场核心竞争力，进而使企业的经济效益最大化。此外，联盟成员间凝聚的向心力，推动了农业科技成果产业化，对促进联盟成员的合作发挥了重要作用。

2017年，泓森与农学院、农科研究院建立合作关系。在党委政府的大力支持下，建立"珍稀菌类产业化工程技术研究中心"，聘请具有副高及以上职称的知名专家10人（其中西南科技大学6人，农业研究院4人），主力攻克食用菌领域的技术瓶颈和难题，为区域食用菌产业发展提供有力的技术保障；并引进高端食用菌（羊肚菌、金耳）等新品种，创造了良好的经济价值，为区域经济发展作出突出贡献。

四、独乐乐不如众乐乐

（一）独乐乐不如与人为乐

2017年10月的一天下午，丁彬瀚走在回家的路上，隐隐约约地听到有人在喊他的小名儿，刚开始以为自己听错了，没在意。随后，又听到一声，他回头一看是许久不见的发小韦宗林。

既意外又惊喜，丁彬瀚怔怔地望着韦宗林，没说话。

"怎么，发财了，不认识兄弟了？"韦宗林开玩笑地说。

"看你说的什么话？这么长时间了，你也不知道给我打个电话、发个消息的，你还好意思说？"丁彬瀚也开玩笑地回应道。

"这不是怕你忙嘛，你最近忙什么呢？"韦宗林忙转移话题。

"我打算在我们镇建个食用菌基地，最近在琢磨这个事呢！"丁彬瀚回答。

"好事呀，能不能带上我呀？我最近也在寻思着自己做点事，老是给别人打工也不是个事儿"，韦宗林略带激动地说了一通，"但我家的情况你也了解，我妈病着，我爸残疾，弟弟也没有个正儿八经的工作，唉。"说到这里，韦宗林不由得叹了口气，他生怕自己的家庭条件不够格，很是无奈。

看到韦宗林情绪有些低落，丁彬瀚上前拍了拍他的肩膀说道："兄弟，别沮丧，你我都是知根知底的，我家里的情况你也是知道的，以前不比你家好过，只不过我不甘心，铆足了劲儿创业，这不才一点点好起来了吗？只要你有决心，你也一样可以的。"

韦宗林赞同地点了点头。

"但有一点，创业肯定会遇到很多困难，这些你都仔细想过吗？"丁彬瀚询问。

"想是想过，只是，目前最大的困难是资金。"韦宗林有些担忧道。

"这个不怕，只要你下定了决心，资金问题咱们一起来想办法。"丁彬瀚坚定地说。

顿时，韦宗林觉得自己有了方向，眼神里闪烁着对未来憧憬的光芒。

韦宗林是村里的建档立卡贫困户之一，母亲常年多病，父亲右手残疾，弟弟年幼，没有正式职业，家庭开支几乎靠他一个人外出务工，而他一年的收入也仅能满足一家人糊口，没有额外的积蓄。

"既然韦宗林能提出创业的想法，我得大力支持，绝不能打击积极性，而且他主动参与创业，必然会成为村里的标杆，能起到良好的示范带动作用，"丁彬瀚心里也是有些激动，"但是怎么解决资金问题呢？"

丁彬瀚回到家里后反复琢磨、思考这个问题。

韦宗林父母为支持儿子创业，拿出了卖掉喂养 3 年的二十头羊的 3 万多元，但这些对建设一个基地来说是远远不够的，为此丁彬瀚和韦宗林一同找到政府，争取到了针对贫困户的 5 万元的贷款支持。

为了帮助韦宗林，同时在村里营造良好的创业氛围。丁彬瀚决定自己投资建立一个食用菌基地，免费提供给韦宗林和其他有意向创业的贫困户使用一年，韦宗林欣然地接受了。

韦宗林将来之不易的启动资金全部投入生产泓森食用菌的袋料,第一年免费使用泓森提供的机器设备、技术和场地等,制作了4.5万袋菌袋。经过一年的运营,韦宗林实现了销售额27万元,纯利润高达19万元。

韦宗林获得人生的第一桶金后,继续加大投入,如今已建立了自己的基地,在城里买了新房,买了车,日子过得红红火火。

韦宗林脱贫的案例在当地扶贫工作中起到了良好的示范作用,激发和带动了更多的贫困户加入创业的行列。

2019年,泓森带动农户实现增收,户均3万元,实现绝大多数农户当地就业,为当地扶贫工作注入新的动力与活力。

(二) 与人为乐不如众乐乐

扶助韦宗林仅仅是泓森参与"精准扶贫"的一个缩影,泓森帮扶、带动个体创业脱贫致富,以"孵化小基地"的模式,孵化出多个独立运营的创业主体,从一开始泓森1家创业主体发展到现如今7家创业主体,建立创业园组建创业联盟,年产值达600余万元,示范带动大学生创业12人。同时,丁彬瀚实现了从"需要社会帮扶"到"创造社会价值"的角色的转变。

除"孵化小基地"的创业模式,泓森还通过带动就业、购买资源、吸收村集体入股分红、开创"菌粮"轮作循环等途径,带动农民增收,具体表现为:

1. 带动就业

对于一些没有创业想法的农民,泓森通过大量吸纳贫困户就业,以"工资"的方式增加当地人民的收入。泓森生产高峰期是每年的11月到次年2月,高峰期用工多达80人,泓森以灵活就业的形式,提升了农民的收入水平。泓森源联盟间建设了"灵活就业库",库里的人员是各村子的农民自愿报名加入的,平时食用菌采摘期循环使用库里的人员,比如这个人来做两天,那个人来做两天,基本上保证库里的每个人都有收入。通过产业发展带动就业及示范引领,助推60余户贫困户,近200余人成功脱贫。

2. 购买资源

几乎每家每户农民都有一块土地,加之广元当地自然资源丰富,盛产青冈树,这种树可以做食用菌的原材料。一方面,土地作为资源,资源的使用权可以买卖，农民可以进行土地租赁获取收入。泓森扩展业务至种植猕猴桃，通过租赁农户的土地，增加农户的收入渠道；另一方面，青冈树作为一种资源，其所有权可以买卖，而且青冈树砍后会生长出小树苗来，七年后又可以出售，泓森每年生产食用菌需采购大量的青冈树，从而通过这种方式帮助农户把树"变现"。

3. 吸收村集体入股分红

同时，泓森通过采用"村集体入股分红"的模式，提高村集体的收益。村集体利用村集体资金入股泓森，每年泓森按照村集体入股资金的比例给予固定的分红，到期后返还本金。通过这种方式，泓森促进了两个村子增收，约三四百村民受益。

4. 开创"菌粮"轮作循环①

为了使脱贫攻坚战取得实实在在的成绩，泓森在院企深度合作的"产学研"基础上，采用跨学科协同攻关的联动模式，积极探索"因地制宜、多元化发展新路径"的模式，并提出"菌粮"轮作循环的模式②，一改传统的农业种植，建立良好的生态农田内循环系统，提升耕地的可持续生产能力，提高农业资源综合利用效率，服务地方产业发展，助力乡村振兴。

随着泓森的不断发展，村里越来越多的人加入创业的队伍，越来越多的人以不同的方式分享着泓森做出的"大蛋糕"，这切实改变了村里以往贫穷的面貌。泓森所辐射的村子相继实现脱贫，其中包括丁彬瀚土生土长的村子。

五、尾声

不知不觉中，临近中午，大家都还在忙碌着……

---

① 即羊肚菌-玉米轮作循环栽培模式。"玉米秸秆基料化应用技术""羊肚菌-玉米轮作栽培技术""菌渣就地还田培肥技术"和"弹性茬口调整"四种新技术集成创新。

② 围绕广元地区土地荒芜、秸秆综合利用、珍稀食用菌（羊肚菌）同区域连续栽培减产、变异和不出菇等技术瓶颈展开研究，探索"菌-粮"即羊肚菌-玉米轮作循环栽培模式。尝试"玉米秸秆基料化应用技术""羊肚菌-玉米轮作栽培技术""菌渣就地还田培肥技术"和"弹性茬口调整"四种新技术集成创新，形成一套集成化的新技术、新模式。

这时，空气逐渐湿润起来，绵绵细雨落在地上，那睡眼蒙眬的草儿，仿佛被唤醒般，准备从地里钻出来。

一股沁人心脾的清新扑面而来，令人心旷神怡。

"这是家乡的'味道'，家乡的馈赠。"丁彬瀚心里不禁感慨。

丁彬瀚心系家乡，心系乡亲，始终不忘"改变家乡贫困落后面貌"的初心，始终牢记"带领乡亲们脱贫致富"的使命，他在用实际行动一点一点地证明着。

泓森创建至今的酸甜苦辣只有丁彬瀚心里最清楚。

"虽然泓森已逐渐站稳脚跟，在市场上有一定的话语权，但毕竟目前还是小微型农业企业，泓森今后发展还是要围绕并依托'农业''农村''农民'，造福更多底层群众。"丁彬瀚心里暗自感叹。

有政府的帮助和扶持，有农科院和农学院技术上的支持，还有乡亲们的激情，丁彬瀚对羊肚菌菌种的培育充满了信心。

"泓森得义不容辞地响应政府'一县一业''一乡一特''一村一品'的号召，迈向更高的台阶：省级农业企业甚至国家级农业企业，通过'以点带面'的辐射作用，肩负起更大的社会责任！"

想到这里，丁彬瀚感到泓森还有更多的事要做……

【启发思考题】

1. 在创建泓森的历程中，丁彬瀚的角色分别是什么？他的角色发生了哪些变化？

2. 在泓森的发展过程中，哪些因素驱使了泓森进行创新创业？这其中哪些源于泓森内部，哪些源于外部环境？

3. 泓森是如何帮助村民增加收入的？请谈一谈具体的路径有哪些。

4. 如果你是泓森公司丁彬瀚先生，你认为应如何进行产业布局，在帮助更多 BOP 人群的同时履行企业社会责任，获取持续发展？

西非市场的弄潮儿：
德诚 APSONIC 品牌定位之路[①]

本案例适用于市场营销、品牌管理等课程。德诚国际集团（香港）有限公司（以下简称"德诚国际集团"）是一家从最初的简单贸易代理商，到成功创立自主品牌 APSONIC 的跨国贸易集团。德诚国际集团在 2013—2018 年短短 5 年时间里，成功逾越 2008 年世界金融危机并逐步踏上了高速发展的通道，成为中国摩托车行业出口领先企业。本案例描述了德诚国际集团在西非市场上建立 APSNOIC 品牌的背景，以及介绍德诚集团如何通过已建立起来的销售网络，突出在售后服务方面的优势，使 APSONIC 逐渐成为西非家喻户晓的品牌，旨在引导学生通过德诚创立品牌的过程，理解并掌握品牌定位理论的内涵和运用，以及思考随着公司未来战略重新布局，APSONIC 品牌定位是否需要做出相应调整，从而继续保持在行业中的领跑地位。

一、引言

2018 年 1 月 12 日，一年一度的摩托车行业开年盛典——"2017 中国

---

① 本案例由西南科技大学经济管理学院邓亚玲、何波，德诚集团董事长张连、董事会秘书（兼财务总监）周宏伟、驻外管理人员王文泽共同撰写，经中国管理案例共享中心授权使用。由于企业保密的要求，本案例对有关名称、数据等做了必要的掩饰性处理。本案例创作于 2019 年 5 月，案例中数据和信息等均截至该时间点。本案例只供课堂讨论之用，并无意暗示或说明某种管理行为是否有效。

行业白皮书年度盛典暨行业发展高峰论坛"在中国摩托车之都重庆召开。德诚国际集团作为该行业里重要的一员，受邀出席了本次年度盛典。集团创始人兼董事长张连被评为中国摩托车行业十大风云人物。这是董事长张连继摩托车行业出口特别贡献奖之后获得的第二项大奖。此时，坐在颁奖台上的张连董事长感慨万千，德诚在他的带领下，年增长率持续多年超过30%，在西非市场累计销售摩托车超过120万辆，局部市场占有率最高达到37%，配件局部市场占有率最高超过50%，自主品牌APSONIC①估值1.5亿美元，2016年集团全年营业收入突破2亿美元。随着西非地区摩托车市场保有量的攀升，维修用配件市场高速发展，2017年德诚集团仅在摩托车配件方面的海外销售额就突破6000万美元，同年摩托车整车销售量突破20万辆大关。这些骄人的成果使德诚国际集团成为中国摩托车行业出口领先企业。看到今天辉煌的业绩，沉睡的记忆被重新唤醒，张连不禁想起德诚在西非发展壮大的艰辛历程……

二、公司背景

德诚国际集团（香港）有限公司成立于2003年4月，公司创始人是董事长张连。公司运营总部设在广州，专注于摩托车整车及配件的研发、销售以及网络渠道的建设。集团拥有四个自主品牌"APSONIC（整车）""TSZ"（配件）、"PTT"（轮胎）与"SMART FOX"（整车）。主营业务分为三大块：摩托车整车业务，收入约占集团总业务的三分之二，市场占有率在西非大约整体为15%；摩托车、汽车配件业务收入占集团总业务的四分之一，市场占有率在西非大约整体为10%；汽车服务和通用机械业务还处于业务拓展阶段，其中汽车服务主要是几个国产知名汽车品牌的代理与维修服务。

---

① "APSONIC"品牌名的由来：对于西非法语和英语系国家来讲，发音容易，便于记忆，也便于融入当地的文化氛围和实施后续的本土化。德诚APSONIC品牌中"AP"代表了公司成立于四月份（april），"SONIC"代表了速度和力量。APSONIC品牌颜色选定的是大多数西非国家国旗中都有的"绿色"，让当地人容易接受。品牌logo（标志）是采用盾牌的设计，让人联想到"品质和服务保障"的品牌内涵。

德诚集团的重点市场在西非，集团主要在多哥、加纳、布基纳法索、科特迪瓦、马里、几内亚、尼日尔和贝宁等西非八个国家开展市场活动。这八个国家占地总面积达 375.8 万平方千米；2017 年总人口数为 1.147 亿人；2017 年总 GDP 约为 2508.57 亿美金，相当于中国同年总 GDP 的 2.05%，人均 GDP 为 961.47 美元；道路条件差，火车、公交车、出租车等公共交通工具紧缺。除加纳官方语言为英语外，其余七个国家官方语言均为法语。德诚集团在多哥、加纳、布基纳法索、科特迪瓦、马里、几内亚和贝宁七国拥有 13 家子公司，一级代理 125 家，通过批发、零售、转口等方式掌控了 4500 多个终端销售网点，在西非七国网点覆盖率达到 90%，在所有摩托车品牌中位列第一。

三、行业背景

自改革开放以来，中国摩托车产业现代工业体系全面形成，自主创新能力不断增强，行业结构逐步优化，行业国际竞争力日益提升。从 1993 年起，中国摩托车产、销量一直保持在较高水平，约占世界产、销量的一半。产品出口到世界 180 多个国家和地区，甚至可以说，凡是有摩托车的地方，就有"中国制造"，摩托车已成为中国最具全球化特点的机电产品之一。自 1985 年北京首开"禁摩"先河后，到目前为止，全国已有 170 多个城市禁止摩托车上牌照。据资料表明，国内摩托车销量在 2008 年达到 2750 万[①]之后，整体一直呈现下滑趋势。经济的发展使以前购买摩托车的群体转向购买小汽车、助力车、电动车等产品，是国内摩托车市场难以被看好的主要原因。由于国内市场不景气，我国摩托车三分之一以上产量出口海外，海外市场对我国摩托车行业来说尤为重要。但是由于我国出口摩托车同质化严重，国际竞争力持续走低。在国外市场，我国摩托车出口主要集中在非洲、中东、南美洲。传统上，我国的摩托车由于技术水平的差距，难以和欧美日等摩托车企业竞争高端市场，因此出口主打中低端市场。如今，即使在中低端市场上，我国也面临巨大的竞争压力。2008 年以

---

① 数据来自中国摩托车网。

来，中国摩托车出口订单明显减少，出口增速放缓，我国摩托车日渐丧失庞大的海外市场，尤其是在近些年来崛起的印度等新兴国家的竞争下这种趋势显得更加突出。如何在国外市场上占据竞争的主动权，是当前众多摩托车出口企业面临的问题。

四、身陷两难，何去何从？

2009 年 3 月 15 日一个炎热的下午，在德诚广州总部的一间会议室里，一个关系到德诚未来发展方向的紧急会议正在举行。参会人有董事长张连、市场总监赵总、采购总监王总、财务总监李总、总工程师孙总以及刚回总部述职①的多哥分公司经理小张也被要求参加了本次会议。小张大学毕业后就被派到西非市场，一干就是三年，在多哥分公司从销售做起，因为业绩突出，最近才被提拔为分公司经理，这是第一次参加这么重要的高层会议。

董事长张连手上拿着 ST 公司新拟定的合作协议，神情严肃地对与会的各位副总说道："ST 公司修改过的合作协议大家都看过了吧，你们有什么意见？都说说。"

"这个协议我们不能接受，"财务总监李总首先发言，"这次他们大幅上调价格，而且缩短了账期，还要我们自己承担售后服务的费用，直接导致我们的利润大大缩水！"

"他们态度还硬得很，简直莫得商量的余地。"操着一口浓重重庆口音的负责采购的王总补充说，"我们在西非市场主要卖的就是他们的产品，寄人篱下，哪里有讨价还价的余地嘛？"

"那我们不卖他们的产品，跟另外的供应商合作可不可以呢？"董事长张连试探着问道。

"这怎么行？"刚从多哥分公司回来述职的经理小张急着从椅子上站起

---

① 德诚集团外派人员享每年一次（第一年 30 天，第二年 38 天，第三年 45 天）的回国休假政策，在休假前必须在总公司待一周做述职报告、工作交流。工作满三年以上的可以享受一年两次、一次一个月的休假政策。

来说，"ST 现在是我们主要代理的品牌，通过我们这几年的苦心经营，经销商队伍也稳定了，在本地市场上形成了不错的口碑，如果改卖其他品牌，很多工作又要重新做起，前些年的努力，等于是为他人作嫁衣了。"

"张经理说得有道理，其他几个市场情况也是如此。"市场总监赵总点头同意，赵总在西非市场考察了两个月才回来，他更清楚，在西非，品牌宣传的难度比国内大，严重缺乏快速便捷的信息传播途径，大多数本地人对摩托车品牌的认识主要是看路上什么牌子的车跑得多，或是亲戚、朋友的口口相传。

赵总继续说："德诚代理 ST 品牌多年，通过分布在西非的各子公司，以及众多的销售网点，为 ST 品牌做了大量的宣传工作，现在 ST 品牌在德诚代理的品牌中销量超过 80%，所以不是说换就换的。再说，就算是忍痛割爱，换成其他的品牌，一切重新开始，但是目前与 ST 公司之间的问题，今后与其他品牌同样还存在。"

"那我们能不能做自己的品牌？"董事长张连跳出了大家的思维，"这个行业我们做了那么多年，国内制造商的情况我们一清二楚，我们完全可以整合资源，根据我们的需要选择供应商，这样就可以不再受制于人，从此掌握主动权。"其实自创品牌，一直是张连心里的一个情怀，他的世界远比这大得多；但是由于自创品牌要面临各种各样的困难，他一直在等机会。这次的 ST 事件，正好帮他下了决心。

"这个难度太大了吧？""如果放弃 ST 的代理，今年的销售任务肯定完不成了，后面还不好说。""跟我们合作的经销商肯定不答应换品牌。"大家七嘴八舌地表达了心中的担忧，最后大家把目光集中到了张连的脸上，想看看这个掌舵人如何做最后的决定。

张连看了大家一眼，语气坚决地说："创立自己的品牌是早晚的事，是公司的百年大计，大家也尝到了寄人篱下的滋味，晚做不如早做，这个事就这么定了。现在我们要想想，给我们的摩托车起个什么名字？我的想法是就用我们现有配件的品牌 APSONIC 作为我们整车的品牌，你们看有什么意见？"来自山城重庆的张连做事向来干练，也是一个急性子，直接就表达了自己的想法。

市场总监赵总马上跟着发言："我同意用 APSONIC 作为我们的整车品牌。在西非市场上，通过朋友介绍这种方式建立品牌知名度很难，所需的时间也比较长。APSONIC 作为我们的摩托车配件品牌已经有 5 年多了，通过现有的摩托车客户、经销网点和维修点，已经在社会上有一定的知名度，市场反应比较好，这对我们快速推广品牌有很大的帮助。"

其他几个参会的副总和分公司经理也都发表了意见，最后大家一致同意了董事长张连的提议。

五、市场追赶者——知彼知己，挣脱桎梏

2009 年 3 月 16 日早上 9 点，昨天的原班人马在德诚广州总部的会议室里，继续展开激烈的讨论。

董事长张连先说："昨天，我们已经确定了品牌名，接下来就要根据我们公司的情况确定具体的品牌创建方案。"

"我觉得做高端品牌不现实，"市场总监赵总第一个发言，"现在买高端摩托车的客户主要分布在大城市，他们是高收入中青年，摩托车既是他们的交通工具，又是他们的娱乐工具；他们比较追求个性化，追求时髦，摩托车的功能对他们来说除了娱乐以外，也是身份的象征。但他们青睐的是日本品牌的摩托车，如 HT、YT、LT 等家喻户晓的品牌。而中国的品牌可能对他们没有多大的吸引力。"

采购总监王总随即说道："这几家日本品牌存在一个问题，它们在西非几乎没有专门的维修网点，配件也比较难买。德诚如果利用这些年在西非市场已经建立起的售后服务网点，做高端产品还是有优势的。"

"这些有钱的年轻人对价格不是很敏感，但对品牌、质量和性能却有很高的要求，我们现在没有自己的生产工厂，APSONIC 整车只能通过国内的 OEM（代工、贴牌）工厂生产。当前国内摩托车生产厂家在产品研发、质量控制上都很难与日本这几个知名品牌的摩托车相媲美；至于品牌知名度，那差距就更大了，我想他们中大多数人考虑 APSONIC 的可能性很小。"赵总还是坚持自己的意见。

"小张，你在最前线，对市场的感觉最准确，你有什么意见？"董事长张连目光和蔼地看着分公司经理小张问道。

没想到董事长会直接点他的名字，小张有点儿紧张地摸了摸额头，说道："我们这几年主要代理的是 ST 品牌的产品。ST 属于中低端产品，经济实力落后的西非人民对此需求很大，我们卖这类车也比较有经验，要不APSONIC 品牌也向 ST 靠拢？这样我们会上手得比较快。"

董事长张连接着小张的话说："现在看来按照 ST 的思路发展是最顺理成章的，但是我们还要把眼光放得长远一点，对于中低端产品，最重要的就是价格，只要便宜就好卖。前些年西非市场还是卖方市场，只要有货就好卖，但是这种好事不会一直持续下去。现在国内过剩的中低端摩托车产能正在到处找销路，西非是他们眼中的一块肥肉，早晚会来跟我们争食。当前除了 ST，国内还有几家摩托车生产企业都在这个档次上，虽然它们在西非没有什么售后服务，质量也很一般，没有什么名气，但是就凭借着价格便宜，在西非市场上也都还卖得不错，这个市场早晚会变成一片'红海'，中低端市场这块奶酪快吃完了，必须另寻出路。"

"我同意董事长的意见，"赵总说，"现在印度和国内的一些知名品牌，比如印度的 TVT、BVB、HEH，国内的好角，在西非也卖得不错。那些经济条件中等偏上的城市上班族、有一点儿钱的小个体户、学生和需要长途跋涉的农民都比较青睐这个档次的车。他们既看重车的价格，又注重车的质量和售后服务。摩托车对他们来说是必不可少的交通或运输工具，也是家里最值钱的东西。摩托车在他们手里的使用频率很高，但他们大部分人保养意识薄弱，道路条件又不好，车子长时间高速运转，自然会经常出问题，所以他们对配件供应、售后服务的依赖性很强。"

"对，这个市场需求量挺大的，政府部门、警察用车也基本买这个档次的车。"财务总监李总补充道。

"农用三轮摩托车也可以考虑，"分公司经理小张接着李总的话说道，"在很多城镇和农村地区，三轮摩托车是很重要的运输工具，城镇的商贩们用来拉货，乡下人丰收时节使用频率也很高。但现在市场上卖三轮摩托车的品牌很少，主要是国内几个品牌零零散散做了，都没有形成规模效应。"

"既然市场这么好，我们是否可以考虑大量投入呢？"董事长张连不解地问。

"现在农用三轮摩托车确实供不应求，但大家都不愿意卖，我们了解的主要问题在于三轮摩托车的配件大部分都不是通用件，所以一旦车子坏了，配件很难找。另一方面，客户买了三轮摩托车后，超载是家常便饭，有的农用三轮摩托车甚至还用来拉人，加上路况问题和他们使用习惯问题，零件损坏频率很高，如果找不到配件更换，从国内订货就可能要等很长时间（周期一般为4~6个月）。而且由于数量少，品种多，大部分经销商都不愿意准备配件库存，往往是客户有需要时才向国内生产商订货，拖得很久，很多经销商都不愿意卖农用三轮摩托车。"小张向董事长做了详细的解释。

听了小张的介绍，董事长张连沉吟了一会儿，抬起头对大家说："我倒觉得这是个机会，我们是唯一在西非有分公司的供应商，而且我们有自己的配件业务。如果我们能提供完善的配件供应和维修服务，那在农用三轮车这个市场上，就比其他品牌更具竞争力了。"

"我同意董事长的意见。"财务总监李总说，"那载客三轮车呢？我们了解到的印度的TVT、BVB、HEH的载客三轮摩托车卖得很好。"

一直比较沉默的总工程师孙总显得着急了，忍不住开口说："虽然都是三轮摩托车，两者差别还是很大。简单来说，载客三轮车国内的技术还不成熟，印度的载客三轮车是沿用日本生产体系，发动机是前置的，材料好、质量好而且技术成熟，载客三轮车是他们的重点市场，他们几乎垄断了东南亚的载客三轮车市场。我们肯定竞争不过。"

孙总说完，大家都纷纷点头。

"看来我们的目标越来越清晰了，"董事长张连有点儿激动、迫不及待地继续说，"中高端两轮摩托车和农用三轮摩托车可以作为我们APSONIC的主攻方向。现在还有一个很重要的环节要我们敲定——作为一个后来者，我们怎么让消费者快速接受这个品牌？刚才大家的讨论给了我启发，我的想法是我们要充分发挥我们网点多、有分公司的优势，突出我们的售后服务。摩托车与其他产品相比有其特殊性，尤其对售后服务和零配件的配套能力依赖性很大。一般的产品只要质量足够好，可以很少维修，甚至可以不维修，一直用到报废。但是谁都不能保证摩托车不出问题，质量再好的摩托车，骑出去摔一下、碰一下，回来都需要维修。那些载人载货的摩托车就更不用说了，往往超载导致关键部件提前报废。这些车子都需要维修，都需要更换配件。我们现在是国内唯一在西非多个国家都建有分公司的企业，有几千个销售网点，而且还有门类齐全的自有品牌零配件，完全可以在服务上做得与众不同。当前大部分消费者的摩托车出现故障后，自己去找地方维修，这些分散点的修车师傅水平都比较差。我们如果生产中高端的品牌车，利用已经建立起来的庞大销售网点提供保养和维修等售后服务，一方面我们摩托车的使用寿命会延长，在客户眼里就是质量好；另一方面通过我们独有的售后服务，提供品质保证，树立品牌形象，让客户看到 APSONIC，就想到我们的服务保障。当年中国的家电巨头海尔，就是通过优质的售后服务让品牌家喻户晓。我们要做西非的海尔。"

董事长的一席话，把会议的气氛调动起来了，大家就这个话题纷纷发表自己的意见。

"除了保证需要的配件及时跟上，我们的售后维修可以增加给购买 AP-SONIC 整车的顾客提供'三包'和免费更换机油等保养服务，逐渐打造自己的维修体系，建立自己的维修站，为 APSONIC 客户提供专业维修服务。"赵总接着董事长张连的话补充道。

这个决定 APSONIC 命运的会议整整进行了一天，最后董事长张连拍板决定，APSONIC 就从中高端两轮摩托车和农用三轮摩托车做起，并突出德诚在服务上的优势。

APSONIC 品牌的各种中高端车型终于在 2009 年下半年出现在了西非市场上，现在公司的老员工永远都记得对公司来说那历史性的一刻。

六、市场领跑者——真诚服务到永远

德诚终止与 ST 合作，开始销售自己的 APSONIC 品牌的摩托车后，

2009 年销售额下降了 32%，但是从 2010 年开始销售额持续增长，其中 2010 年增长 73%；2011 年增长 73%；2012 年增长 41%；2013 年增长 10%。越来越多的 APSONIC 的摩托车驰骋在西非的大街小巷和空旷的原野上……

虽然销售额在不断增长，分公司越开越多，销售网点也在不断增加，但是董事长张连的心情并不轻松。他敏锐地察觉到，近年来由于国内政策的限制，摩托车行业产能严重过剩，越来越多的企业把目光投向了非洲这个还在不断成长的市场，西非市场上的竞争也越来越激烈。"要想保持优势，就要不断进取，"他在公司管理层会上说道，"服务是 APSONIC 品牌的特色，但我们不能一直停留在原来的水平上，要想一直领先于竞争对手，就要一直不停地往前跑，持续丰富服务的内容，提高服务的质量。"

为了强化 APSONIC 在市场中良好的服务形象，2014 年，APSONIC 品牌包装上增加了维修师傅的形象，以此来强化专业维修服务。公司也首次在广告中出现"好质量，好生活"的广告语，传递"好质量带给您美好生活"的品牌理念，并一直沿用至今。2017 年公司在海外成功注册了"MASTER KING"（王师傅），使其成为 APSONIC 旗下一个独立的维修品牌。截至 2017 年 10 月末，西非市场已建成配件零售终端 5000 个，售后服务维修站近 500 个。2017 年底，德诚开始推行对购买 APSONIC 品牌的摩托车用户提供终身免费维修服务。通过这一系列措施，德诚更进一步领先于已经开始模仿其模式的其他竞争品牌，促使德诚在售后服务方面持续领跑。

七、市场锐进者——生无所息，进无止境

如今，APSONIC 已经是西非摩托车市场上的一个家喻户晓的品牌，公司的业绩蒸蒸日上。站在辉煌的成绩上，德诚没有停止向前进取的步伐。董事长张连的心中有对未来市场的布局：依托共建"一带一路"倡议，由西向东布局非洲市场，对接海上丝绸之路；随着西非大多数国家信息系统的不断完善，人们使用智能手机越来越多，应尽快用信息化手段来提高售

后服务的效率与质量；提升研发能力，与高校和研究机构合作，成立摩托车研发中心，共同开发适合西非市场的产品……

公司未来的战略规划能否顺利实现？在激烈的市场竞争中还会遇到什么困难？服务是否继续作为德诚对外宣传的优势？这些都是对喜欢挑战自我的董事长张连的考验……

【启发思考题】

1. 描述公司从 2003 年创立之初，到 2018 年发展历程中的几个关键性时间节点。

2. 公司决定自建品牌的导火线是什么？

3. 如何确定该公司的目标人群和定位？

4. 根据德诚集团未来的发展战略布局，如果你是董事长张连，你认为 APSONIC 现有的定位是否需要做出调整？如果调整，未来的 APSONIC 品牌定位将如何确定？

因人而事，修德敬业：
一点味公司的"私塾"教育[①]

　　本案例适用于组织行为学等课程。案例以四川一点味餐饮股份有限公司（以下简称"一点味"）21 周年的庆祝为引，回顾了一点味在 2015—2019 年建立企业"私塾"前后的相关事件和过程。案例首先展示了餐饮行业的基本特征，通过"盛极而衰，焉知非福"和"危机已现，谁人之过"两组事件，描述了一点味所面临的管理问题。其次，案例通过"私塾之举，意在救赎"和"以身作则，再造基石"两组事件，描述了一点味企业"私塾"的基本活动和功能。最后，案例通过穿插 2020 年新冠疫情过程中一点味的表现，强化反思餐饮业的行业环境对餐饮企业的影响。

一、引言

　　2020 年 3 月 4 日，是一个属于一点味的特殊日子——一点味 21 岁了。在一点味的私塾微信群里，每一个人都在发表着自己的祝福。看着大家纷

---

　　① 本案例由西南科技大学经济管理学院教师张宏亮、何波，西南科技大学经济管理学院 MBA 学员曹丹，四川一点味餐饮股份有限公司董事长杨鹏方共同撰写，案例版权属西南科技大学所有。由于企业保密的要求，本案例对有关公司名称、数据等做了必要的掩饰性处理。本案例创作于 2020 年 5 月，案例中数据和信息等均截至该时间点。本案例只供课堂讨论之用，并无意暗示或说明某种管理行为是否有效。

纷表达自己的心声，董事长杨鹏方先生不禁感慨万千。回顾这21年，一点味行来不易，遭遇过2003年的非典疫情，度过了2008年的四川地震，历经了2014年的禽流感疫情和2018年的非洲猪瘟疫情，2020年又遇上了新冠疫情。

自古多难兴邦，想到未来的一点味，特别是对自己不离不弃的这些员工们，杨董事长在私塾微信群里留下了这样一段话："2003年的SARS非典，验证了一点味经营模式的合理性，在一定程度上促成了一点味的崛起。这次的新冠疫情，于个人、于企业而言又是一次灾难。一点味要继续坚守下去，克服困难以求复兴。历史的规律，是惊人的相似，但一点味不能再犯错……"

二、企业背景

1999年3月，一点味在北京创立，主要经营台式卤肉饭快餐。经过多年发展，公司已拥有门店100余家，并先后获得了卤肉饭的著作权登记证书、一种卤肉产品及其制作方法发明专利证书以及产品的外观设计专利证书、无公害农产品证书，公司也获得了四川省著名商标证书。一点味于2004年建立了中央厨房进行自主研发常温料包生产，并且针对门店统一配送，实现了每个门店厨房的无油烟无明火，保障了门店内只需一位营业员便可以操作，十秒出餐。

公司董事长杨鹏方先生出生于中国台湾，后赴美国从基层打拼创业。这段特殊的成长经历，使得杨鹏方先生特别关注身边的"边缘人"。一点味的员工大多为农村进城务工人员，学历不高，更有甚者是董事长从马路边"捡"来的。2004年，非典疫情结束后，一点味留下来的大多是四川籍员工。为了支持他们返乡创业，杨董事长一方面将一点味公司总部由北京搬迁至四川省绵阳市，另一方面以参股的方式和员工一起正式成立了"四川一点味餐饮股份有限公司"①。在公司里，大家都不称杨鹏方先生为董事

---

① 相关信息可以参看中国新闻网报道，网址：http://www.chinanews.com/tw/2012/11-23/4353032.shtml。

长，而是亲切地叫他"四哥"（杨董事长在家排行第四）。

在杨董事长的心中，一点味的员工就是他的家人。一点味成立 21 年来，从未主动辞退过一名员工。用杨董事长自己的话来讲，就是"哪儿有把家人赶走的道理"。一点味一直以"尽可能地帮助员工发展，丰富他们的经历"作为核心发展目标之一。杨董事长希望一点味能够成为支持员工发展的永续经营事业，他经常以松下幸之助说过的一段话来勉励自己："当你有 500 个员工的时候，作为老板你要冲在第一个，要带领他们；当你有 1000 个员工的时候，你要站在中间，前面 500 个员工你要感恩他们，后面 500 个员工还要继续带领着；当你有 1500 个员工的时候你要站在后面，这时你要报恩，因为这 1500 人帮你创出了大事业。"

三、行业背景

（一）行业高速度增长与企业低准入门槛并存

自 2002 年以来，中国的餐饮业持续保持着快速增长的态势，规模不断扩大。2019 年，全国餐饮门店数近 712 万家，其中快餐占了近 1/4。2018、2019 两年，全国餐饮总收入均超人民币 4 万亿元①，持续保持高速增长的态势，成为第三产业中重要的支柱性行业之一，为增加就业数量、扩大消费需求以及丰富人民的生活发挥了重要作用。

虽然行业整体增长速度较快，但单从某一门店来看，开业的资产投入并不多，初始投资额下限低，行业的进入门槛不高。餐饮企业间竞争激烈，平均每天有近 600 家门店关店，关店数仅略比开店数低 10 个百分点。激烈的竞争导致了餐饮企业经营的短视化，食品安全问题频发。仅 2004 年 2 月到 2017 年 2 月期间，国内媒体公开报道的食品安全事件就达到了 2896 起②。

---

① 数据来源：艾媒数据中心（data.iimedia.cn）。
② 数据来源：科慧数据库公开检索数据。

（二）人才紧缺与从业人员素质良莠不齐并存

从传统的饮食习惯来看，中国餐饮企业的产品和服务高度依赖人工，属于劳动密集型行业。随着餐饮企业数量规模的不断扩张，一方面，市场对餐饮从业人员的需求量也在不断增长，特别是对基层员工一直拥有较大的用工需求。但另一方面，由于餐饮企业的更替频繁，员工的整体流动性较大，也导致更多的从业者没有将所从事的工作当作事业经营。

大学生在就业时，一般都不太愿意主动进入餐饮企业，因为在他们的观念里，伺候人是一种不体面的事情。不少餐饮企业几乎都是从当初的小店发展起来的，老板们更看重炒菜的厨师，对一线生产服务人员的要求是只要能吃苦做事就行，并没有较高的综合素质要求，这反而造成了对基层员工工作环境的忽视。为了节约人力成本，不少餐饮企业的基层员工都面临高强度的工作。

（三）疫情倒逼餐饮业变革

餐饮行业是极端贴近人群生活的长尾行业，在重大疫情到来时，风险很高。2020年伊始，中国的新冠疫情进入一级响应，餐饮企业首当其冲，面对客源的骤降以及众多的限制性要求，许多餐饮企业选择停业止损。截至2020年3月，单店餐饮企业中一直营业未完全停业占比18%，已停业的餐饮企业占比75%，复市企业占比7%；连锁餐饮企业中一直营业未停业门店占比均值为26%，停业后已复市门店占比均值为12%。坚持营业的餐饮企业面临的最大困难中排名前三的分别是：人力成本压力、营收大幅减少、门店租金压力[①]。

寒冬之下，餐饮企业纷纷开启自救模式，外卖作为首选（占比29%），其次是提供团餐预定业务（占比20%）、提供堂食（占比17%）、提供无接触点菜外带（占比16%）、提供食材代加工业务（占比4%）。同时，"分餐制"也成为坊间热议的话题。

---

① 数据来源：中国饭店协会2020年第二轮行业调查数据。

四、盛极而衰，焉知非福

2003 年，非典疫情席卷中华大地，对当时还是餐饮界新兵的一点味造成了重大打击，原来的 100 多名员工大多选择了离职。但是，杨董事长始终坚信，人总是要工作和吃饭的。人手不够，无法提供丰富的菜系，一点味就专做卤肉饭、红烧肉等中式简餐；顾客不能到店消费，一点味就外卖送到顾客家。从那时起，一点味的外卖就采购最好的餐盒①，以保障顾客微波炉加热后的食用安全。就这样，濒临倒闭的一点味"活"了过来，并且在 2003—2014 年，不断发展壮大，最多的时候门店超 200 家，分布于四川、北京、武汉、深圳、长沙等全国多地，形成了涮吧（小火锅）、门店套餐等多品类多产品的经营模式，也逐步树立了自己的品牌声誉。曾几何时，去一点味聚餐也成为都市白领"小资"生活的体现之一。

源于一同抗击非典的"革命"友谊，杨董事长特别感恩一直坚定不移追随自己的员工。他将一点味的股份向跟随自己最久的元老级员工开放，鼓励大家入股公司，并且承诺如果公司经营亏损，由他一人承担，但凡公司盈利，大家一起分红。如此这般，公司的氛围更加融洽了。一点味还鼓励员工去游学，一般都是杨董事长亲自带领，用他自己的话说就是"搭飞机、住五星、见世面"。

对杨董事长而言，与自己一起打拼创业的妻子和生养他的母亲相继因癌症离世，是他心中永远的痛。所以，他特别在意生产环境和食品安全。为了杜绝油烟污染对员工和顾客的危害，一点味构建了中央厨房模式，门店内不再使用明火炒菜做饭。但门店内，用水还是不可避免的。虽然公司规定为了避免犄角旮旯的积水滋生蚊虫，必须要进行清扫，但门店的员工似乎对此不屑一顾，他们认为别的餐饮企业也没这么严格的要求，顾客看不见也不会关注。公司规定夏天门店在营业时间必须开空调，以为员工和

---

① 一点味公司从 2001 年就开始使用进口餐盒，并延续至今。餐盒采用完全符合国家食品安全标准的 PP 材料，经过最新科学技术在餐盒的中间注入碳酸钙层，可耐 120°高温，微波炉加热后也能达到完全无害。

顾客提供舒适的环境体验，但就是有一部分员工以"为公司节省"的名义，不完整地履行公司的规定。

中央厨房保障了门店的主要配餐料包配置，但是门店内仍然需要自己蒸煮米饭和烫煮蔬菜，员工还需要完成大米、蔬菜等的采购。员工们总是习惯性地一次性大量采购，且与中央厨房生产的料包一起随意堆放在门店的库房中，既不方便取用，也不方便盘点。部分员工还私自将门店的原物料带回自己家中。公司规定，米饭必须分上午和下午蒸煮，以保持米饭的口感。但是，员工们总是图方便，一次性大量蒸煮全天的米饭，甚至到了当日结业，米饭都还没有销售完，只有作为废品处理。

这些现象屡禁不止，公司派人到门店督查，就会改善一点；如果不派人督查，就又恢复到了老样子。大家对此都已经习以为常，稍有处罚还一肚子委屈，似乎行业里其他企业门店也是这么做的，不明白为什么一点味就这么在意这些小细节。可是，伴随这些现象而来的是，一点味的营业额从 2015 年开始慢慢下滑。一点味的门店也开始面临经营难题，至 2016 年底加盟店逐步关停至只留下 30 家的状态。

五、危机已现，谁人之过

终于，有一天，杨董事长发火了。

虽然，一点味很早就采用外卖的形式给客人送餐，但基本还是保持原来的电话订送形式，大部分客人都是老主顾①。在互联网电商平台盛行的今天，这样的方式很难拓展新客户群体。所以，一点味从 2016 年开始搭建自己的淘宝电商门店，同时也与美团等电商合作，分别进行料包和成品餐的线上销售。然而，公司的员工不太熟悉与美团的合作模式，他们总是认为一单货物并没有卖出更高的价格，不仅要给美团分利润，还不得不参加美团组织的各种降价促销活动，这样的合作得不偿失。于是，就出现了下面这一幕。

小姜是一点味深圳门店的负责人，一直以来也是杨董事长比较看重的

---

① 据不完全统计，截至 2017 年底，一点味单卤肉饭一项，其销售量已经超出 1 亿人次。

中层管理人员。在参加完美团组织的促销活动后，小姜向杨董事长汇报工作时说道："尊敬的四哥，本次与美团的合作，我们以 7.5 折的价格，销售出去的各项产品总计 800 余份。同时，我也发现很多订餐的用户，其实就居住在离我们门店不远的地方。接下来，我打算走访一下这些用户，请他们今后不用到美团下单，直接通过门店电话更方便地订餐。这样，我们可以自己给这些用户配送，哪怕价格给点折扣，每一单也比从美团上拿到的多。"

杨董事长将小姜的汇报发到了企业的微信群中。大家对小姜的行为纷纷点赞，认为他不仅出色地完成了常规的工作，更难得的是动了脑子，为今后做了谋划。小姜也因此沾沾自喜，想着董事长肯定最后也会表扬他。不想，他最后等来的却是杨董事长的惊天怒火："你们这是在害一点味，在害我啊！"杨董事长在微信群中留下了这样的评价。

回想起不久前，杨董事长决定将门店原有的十余种产品，删减只保留五种销量最好的产品，也招致内部管理者和员工的一片质疑。顾客有人要买，我们为什么不提供？别的企业都是提供丰富的品种供顾客选择，我们为什么还要主动删减产品？

那段时间，杨董事长陷入了深深的自责之中。他想方设法地提升员工们"物质层面"的眼界，希望消除他们的自卑感，但是却忽视了引导他们在"精神层面"形成正确的认知。在员工心里，他是一个好家长，但却不是一个好的管理者。

六、私塾之举，意在救赎

2016 年底，一点味私塾在公司年会上正式开课。第一堂课，就是公司所有中高层管理者集体诵读《大商名贾》①："大商：货通天下，利涉四海，名贾：字号立百世之朽，财富积万贯有余！大商者，胸存纵横四海之志，怀抱吞吐宇宙之气，其学通于大道，其功接于社稷，其势夯入惊风雨，枭

---

① 《大商名贾》由杨鹏方董事长依据电视剧《一代大商孟洛川》中孟洛川和他的老师李士朋的对话台词整理而成。

出泣鬼神。也正所谓良贾何负名臣，大商笑看书生。大商之经商，有如伊尹、姜子牙之于治国，孙子、吴起之于用兵，商鞅之于变法，其学问之精深，道法之玄奥，意气之闳远，境界之高明。非井市之识所能通。学而知不足，不足而知求学。"夹叙夹议的诗歌体，对于普遍学历层次不高的参会者们是一大挑战。但是，高祭在白板前的戒尺（家法），随时在提醒他们"自己是在受教育"。

如果只是单纯的诵读，那还好。关键杨董事长还不断地抽问大家问题，这更加剧了大家的紧张情绪。面对40多岁的后勤管理者老蔡，杨董事长问道："知道为什么要诵读《大商名贾》吗？"面对20岁出头的门店负责人小王，杨董事长问道："如果你和别人开战，战斗胜利后，你会替对手收尸埋坟吗？"面对30岁出头的加盟店负责人小娟，杨董事长又问道："如果你是一名律师，你明知道自己的客户有罪，但他可以给你一大笔佣金，你会替他进行无罪辩护吗？"……

灵魂拷问之后，就是每个人现场诵读①。诵读出来的，当场领取现金奖励，顺便也接受着场下羡慕的目光；诵读不出来的，则用手心领取了戒尺敲击作为惩戒。本以为第一次私塾课就此结束了。不想，杨董事长最后用戒尺狠狠地打了自己的手心几下，说道："我最大的错误，就是把一个本来应该由夫妻来做的餐饮门店，做成了现在规模的一点味。一路走来，员工、客户，人来人往，流露出人本性中不好的一面，不外乎：贪婪、自私、苛刻、好逸恶劳、不切实际，妄想一步登天。这一切归纳为愚昧，愚昧源于无知，无知源于没有教育，没有教育源于环境，而环境又受制于传统……"

由此开始，一点味私塾的形式被长期保持了下来。但凡集体性的会议，无论参与人员多少，私塾的课不能少。在杨董事长的带领下，大家开始阅读、背诵，学习常识。他们从《满江红》中体会岳飞不能实现心中抱负的压抑，从《读者文摘》的故事中体会人情冷暖，从报刊新闻中辩论行业时事，甚至开始尝试背诵马丁·路德金《我有一个梦想》英文版。私塾的话题千奇百怪，涵盖了历史、健康、子女教育等诸多领域。私塾的教室

---

① 这里的"诵读"指先读后背，如读一段后立刻背。

不再局限于线下的会场，线上的微信平台和公众号平台也逐步搭建和运行起来。

七、以身作则，再造基石

从 2018 年开始，私塾不仅仅常态化地对员工进行基本的阅读、背诵、分享等训练，杨董事长还亲自带队，到每一家门店进行现场管理教学。对如何齐整货物、如何规划物料采办、如何进行时间管理、如何提升现场对顾客需求的反馈效率等，杨董事长都亲自示范并且手把手耐心地和员工一起操作。但凡新店开张，杨董事长都会教导员工如何用装饰代替传统的装修。这样做既保障了员工不受装修甲醛的侵害，又最大限度保留了一点味传统门店清洁静谧的知性风格，还实现了单店从选址到开张 5 日即可营业的高效运营。

2019 年，一点味的"实验室"在总部办公室再次运行。杨董事长带领员工们对一点味的新产品进行研究和测试。这一次的目标直指一点味门店一直最为关心的"米饭"问题，要形成一种类似料包的预装熟米饭工艺。这是一项耗时费力的工作，时间要以月作为单位，每一份实验米饭都要做好时间标识，并且还要分批次划分做组内对比和组间对比。遇到米饭变味，还要研讨原因。同时，大家还采购了不少市面上的预装米饭，对比自发热工艺和熟米饭保存工艺的优缺点，探讨不同包装材料对于米饭保存的影响。

时间仿佛回到了 11 年前，在中央厨房建立之前，杨董事长就是这样带领着员工，在现场通过分组比对，不断调试材料、操作方式等最为原始的实验手段，研发出了常温下可以保存 6 个月的卤肉饭料包，并申请获得了制作方法专利。也是通过这种方式，杨董事长带领着大家学习烫菜，研究出了既能够保持圆白菜的清甜，又不至于损失其爽脆口感的适宜水温、操作时间及流程。

慢慢地，大家开始认真对待身边的事物，用他们的话来讲，就是"任何物品都是有感情的，你随意对待他们，不让他们获得应有的归宿（安置），那迟早他们也会报复你"。

八、疫情当前，静心反思

门店干净了，货物整齐了，员工们的精神头又回来了。一点味也在不知不觉地复苏，门店数又逐步回升至 60 家，现金流和利润也开始增加。2019 年底，一点味将自有门店的股份进一步分散给门店负责人，让他们一夜间从员工变成了老板。杨董事长把范蠡的《经商十八则》打印出来，作为私塾礼物赠送给他们，鼓励他们成为"知系统，明科学"的经营者。

然而，2020 年初，突如其来的新冠疫情让餐饮业受到重创，政府命令禁止餐饮企业承办群体性聚餐活动。在各大媒体的报道中，餐饮业也是一片哀嚎。杨董事长却不紧不慢地在一点味私塾微信群中分享了"曾国藩：成大事者，有五大要诀"，要求大家分享阅读体会。

2020 年 2 月 5 日，成都市新南街街道办事处官员给一点味门店发来微信邀约，询问一点味能否为还在街道一线参与防控疫情工作的公务人员提供简餐配送。收到邀约后，门店负责人第一时间汇报给了总公司。公司积极布置货源，确定了"不涨价、保安全"的基本方针。2020 年 2 月 10 日，一点味门店被"攀枝花市西区应对冠状病毒感染肺炎疫情应急指挥部"向社会推荐指定供餐服务单位。经过积极申请，绵阳市的中央厨房从 2020 年 2 月 20 日早上 8 点 30 分开始复工。一点味又全力投入了"抗疫保供"的安全食品生产之中。

九、尾声

一点味品牌所倡导的"不为美味，只为安全"的理念，在危机中得到了认可。但安全，始终是人做出来的。念及至此，杨董事长在私塾微信群里留下了这样一段话："我们这行（餐饮）看似卖产品，但参与的人员最没有标准，良莠不齐。人的一举一动，影响最终产品的品质和价值，而行为的背后是人的人生观。若好大喜功，一味逢迎顾客，全靠心思诏媚于口味，不知成本、程序的合理性，（这样的企业）终将走向绝路。"

【启发思考题】

1. 作为餐饮企业，一点味的管理是否有些另类？你认为造成这样的管理方式的原因是什么？

2. 你认为中国传统的"私塾"具有什么样的特征，一点味的私塾具有这些特征吗？

"新冠"之"危"，
羌山雀舌何处生"机"?[①]

　　本案例适用于市场营销、电子商务等课程。受新冠疫情暴发影响，茶叶企业羌山雀舌茶业有限公司的销售工作陷入停滞状态，市场销量急剧下滑。通过总结后认为：公司面对此次新冠疫情之所以束手无策，是因为公司的渠道结构建设存在重大疏漏，忽视了数字化背景下的全（多）渠道建设。但是当公司尝试开展全渠道营销时，却发现公司销售渠道单一、品牌锁定的网络目标群体过小，使其全渠道策略难以达到预期目标。案例描述了羌山雀舌茶业有限公司在新冠疫情期间的经历及应对措施，期望有助于学生理解数字化背景下的全渠道建设以及全渠道策略，也可以为西部其他中小企业应对突发情况提供实践指导和借鉴。

一、引言

　　四川自古就是产茶大省，"川茶"已经成为四川现代农业的一张名片。

---

　　① 本案例由西南科技大学经济管理学院教师陈瑾瑜和北川羌族自治县市场监督管理局工作人员刘梦圆，以及西南科技大学经济管理学院杜青龙、雷大章和蒋丰竹同学共同撰写，经中国管理案例共享中心授权使用。由于企业保密的要求，本案例对有关名称、数据等做了必要的掩饰性处理。本案例创作于2020年12月，案例中数据和信息均截至该时间点。本案例只供课堂讨论之用，并无意暗示或说明某种管理行为是否有效。

四川已建成川西南名优绿茶产业带、川东北优质富硒茶产业带、川红功夫茶集中区以及川中优质茉莉花茶产业区，形成了以优质绿茶为主，川红功夫红茶、雅安藏茶、茉莉花茶为辅的"一主三辅"优势特色产业格局。北川羌族自治县羌山雀舌茶业有限公司地处川东北优质富硒茶产业带，是四川省首批 36 个农业产业化重点企业之一，也是首批获准使用四川区域性大品牌"天府龙芽"的联盟企业之一。该企业从 2005 年成立至 2020 年，已经发展成为拥有固定职工 32 人，年产值 2600 余万元，涵盖绿茶、红茶、古羌茶（黑茶）、花茶及苦荞茶 5 大类 65 个茶叶品种的企业。

2020 年新春佳节，原本是中国人最热闹的节日，是走亲访友、休闲团聚的时光，也是羌山雀舌茶叶畅销的旺季。但是一场疫情把所有人锁回了房间，疫情的信息占据了人们所有的注意力，对未来不确定性的忧虑和担心萦绕在每个人的心头，销售形势空前严峻。作为羌山雀舌茶业有限公司企业负责人的牛义贵更是忧心忡忡……

二、吾家有女初长成，养在深闺人不识

羌山雀舌茶业有限公司地处北川羌族自治县，该地区自古就是产茶之地，是茶马古道的枢纽，也是西路边茶的主要产地。北川苔子茶被认定为四川省第五种茶树地方良种，也因此获得了地理标志保护的荣誉。羌山雀舌茶业有限公司是被许可使用苔子茶地理标志的企业之一，企业拥有漩坪乡元安村百草河茶厂，自有茶叶基地 12 千亩，其中百年以上树龄茶园 4 千亩。公司与北川羌笛苔子茶种植专业合作社、北川羌族自治县永昌镇古羌茶艺坊、北川羌族自治县都坝古树苔子茶种植专业合作社三个自治组织保持着良好的合作关系。茶叶产品主要销往省内及沈阳、湖南、新疆等地。

羌山雀舌茶业有限公司的优良树种和上乘的茶叶制作技艺使其产品曾经获得众多荣誉，羌茶生产的绿茶产品"针眉"于 1979 年成为四川省第一个出口海外的茶叶产品。而如今的羌山雀舌茶业有限公司传承了北川羌茶优秀品质和独特技艺并发扬光大。公司"羌山雀舌"茶叶 2010 年荣获"四川名茶"称号，2012 年成为"绵州九宝"之一，2013 年入选"天府七

珍"并荣获"第十一届中国农产品交易会金奖"。2013年，羌山雀舌茶叶有限公司获得"绵阳市优秀农业产业经营龙头企业"荣誉。"羌芝灵芽"单品2015年获世界绿茶金奖殊荣。商标"羌笛"2014年成为"四川省著名商标"。2016年，"羌笛茶叶"获得"四川名牌"产品称号。拳头产品"苏香春绿"在第二届中国农业博览会中获农业部颁发的金奖，并被载入《中国名茶志》。

羌山雀舌茶业有限公司的员工大都为土生土长的本地人，熟悉这片古老的土地，对羌茶有着别样的自豪感和深厚感情。牛义贵，北川羌族自治县羌山雀舌茶业有限公司的法人代表、总经理，从21岁开始就在茶厂工作，致力于传承古羌茶艺。

北川作为全国唯一的羌族自治县，羌茶文化是羌民在发现茶、种植茶、使用茶的过程中，以茶为载体，表达人与自然、人与人之间的信仰、思想、情感、意识的过程，也是一个人与自然融合交流的过程。羌茶种植以粮食间种的模式为主。生物多样性的环境、各类植物长期共生共荣、没有受到现代农业生产方式过多侵蚀等原因使得羌族人民生活的自然环境形成了更加稳定的生态链，具有更强的病虫害抵御能力，为茶叶的生长保留了最好的自然环境。

羌茶制茶和饮茶方式非常特别，通过原始手工火烧的方式杀青，用直接揉捻发酵的方式制作，加入小鱼干和豆类煮饮的方式都还带着最古老的饮茶方式印记。其制作和饮用方式独具古朴自然的羌族特色。羌茶文化是羌族文化的重要组成部分，是羌民族的一种传统技艺，源远流长。为充分展示和发掘古羌茶文化，继承和传播古羌茶加工品饮技艺，牛义贵总经理依托羌山雀舌茶业有限公司创建了"牛义贵古羌茶艺技能大师工作室"和"北川古羌茶艺传习所"，聚集人才，整合资源，对古羌茶文化进行保护性的挖掘、传承和传播。2010年6月，古羌茶艺作为中国元素入驻上海世界博览会，惊艳亮相，吸引了国内外众多好奇的目光，北川羌茶走向了世界。

三、欲渡黄河冰塞川，将登太行雪满山

春节是中国人的消费高峰节日，无论是哪种类型的企业都会牢牢抓住创收旺季。羌山雀舌茶业有限公司也不例外，以往的春节七天假期羌山雀舌的茶叶销售额大概等同于平时一个月的销售额。而今年（2020 年）受新冠疫情影响，春节期间，茶叶销售门店无法营业，企业的销售额几乎为零。

在历年销售最好的时期，羌山雀舌面临着无法生产、无法销售、资金不足等问题，还要应对房租、员工工资等刚性支出。这样的状况不知还要持续多久，担忧不禁萦绕在牛义贵的心头。

当时，全国为减少人员流动，实行交通运输管制，物流呈现瘫痪状态，羌山雀舌茶业有限公司无法将产品运输至德阳、成都等地区代理商处，更是难以跨省送达长沙等地区代理商手中。一时间，四川和湖南长沙的 6 个专卖店和 400 多个线下零售点都无法正常供货。以往羌山雀舌茶业有限公司的营销方式主要是通过产品的原生态品质吸引消费者，优良的茶叶品质是企业自信心的源泉，企业信奉"酒香不怕巷子深"的原则，采用发放样品茶到各个销售门店，欢迎顾客现场品茶，这种与大品牌茶叶当场叫板的方式吸引消费者购买茶叶，也是茶叶营销的一大特点。但是面对不出门、不到茶叶店的消费者，整个公司束手无策。2020 年 1 月到 2 月之间，羌山雀舌茶业有限公司的各个零售点几乎没有销售额，由以前月销售额两三百万直接骤减为零，这给企业的现金流带来了极大的挑战，企业的资金链面临着断裂的危机。

2 月中旬，随着国内疫情得到一定的控制和好转，各企业被允许在做好防疫的同时有序复工复产，而年前羌山雀舌茶业有限公司并没有预测到"新冠"如此凶猛，影响如此深远，事前未做任何防范措施，这时才发现企业复工急需采购消毒液、电子体温枪、医用防护口罩等必需的防疫物资。不仅如此，企业也缺乏相关医疗预防知识。在短时间之内防护、消毒物资的采购困难，没有以往的处置经验可以参考，羌山雀舌茶业有限公司的复工之路如牛负重，行深泥中。

幸亏北川羌族自治县地方政府积极协助羌山雀舌茶业有限公司购买复工复产所必需的防疫物资，解了公司燃眉之急，然而疫情给企业经营提出的挑战依然接踵而至。原本公司的茶叶销售主要依靠线下门店的品茶凸显其优良品质，依靠消费者口碑相传被更多的消费者了解和选择，营销渠道比较单一，目标人群主要是在线下门店品茶购茶的顾客群体。然而一场疫情改变了目标人群的购物习惯，消费者不可能摘下口罩在茶叶店里品茶、比较茶叶、购买茶叶。虽然当时网络上流传着喝茶能抵抗病毒、提升免疫力的说法，这些传闻有可能转化一些潜在的茶叶消费者，并使部分本来就有喝茶习惯的人群继续维持购买茶叶的习惯，但是这部分消费者购茶方式大都由线下购买转为线上购买，而线上购买不利于羌山雀舌茶业有限公司这一类信奉"酒香不怕巷子深"的中小型茶叶公司。羌山雀舌茶业有限公司在以往的营销活动中茶产品定位是小众茶叶，以独特的品质占据市场，对茶叶品质的要求较高，并不重视品牌和销售渠道的建设，知名度并不大。而网购被搜索词条最多的还是一些传统的区域性名茶（如"铁观音""龙井"等等品牌的茶叶）。在网络渠道上茶叶产品的品质如何难以得到直观的对比，即使北川茶叶"针眉"以其优秀的品质在 1979 年成为四川省第一个出口的绿茶产品，但由于区域品牌的名气不足，销量也难以提升。区域型企业一般难以在网络销售竞争中获得消费者的青睐。但疫情的影响迫使羌山雀舌茶业有限公司改变以往的营销模式和营销渠道，将营销主要渠道改为线上销售，虽然羌山雀舌茶业有限公司拥有自己的天猫旗舰店、京东店铺以及微店，但是由于一直以来销售重点没有放在线上，就没有进行相应的网店建设和营销引流等工作。新冠疫情期间，天猫等电商平台和各直播 App 积极推出相关政策扶持各类企业推进线上营销，其中有一条政策规定：企业如果能每天在天猫直播两个小时就能够获得平台的引流。2020 年 3 月的一个夜晚，羌山雀舌茶业有限公司的管理高层和销售部门的人员就目前销售工作的困境讨论到深夜。销售形势严峻，销售部门的员工表情严肃，气氛压抑……

牛总首先发言："受疫情影响，公司线下销售活动几乎完全停滞，资金链断裂，我们不能坐以待毙。今天的会议主要是集思广益，帮助公司渡过难关。大家都谈谈自己的想法！"

会场一片寂静，落针可闻……

"线下销售走不通，能否采用线上销售？"过了一会儿，牛总又说。

"我们在天猫、京东和微信上都有自己的店铺，做线上销售还是有基础的。"销售部老员工王某沉吟片刻后终于打破了沉默。

销售部李某接着说："以前都没有重视过线上销售，许多工作都处于起步阶段，比较仓促，像网页设计这些工作只能委托给外面的公司。"

牛总问道："我们开展线上销售有没有优势呢？可行性如何？"

大家陷入了沉默。

"可以找直播带货主播，比如罗永浩……"过了一会儿，销售部的总经理彭总有点迟疑地说道。

"我们的茶叶属于小众茶叶，这些网红主播了解羌茶文化吗？能不能达到销售目的？"销售部小陈提出了质疑。

"平时还好，疫情期间本来资金就紧张，这些网红主播对我们的产品又并不了解，万一直播带货效果不佳，会不会风险比较大？"又一位员工同意了小陈的观点。

"这段时间没有销售收入，资金链紧张，每个部门都在找我们要钱，我们正在和银行协调，看看能不能先贷款……"财务部张总补充道。

"张总是我们公司的财神爷，我们是创收部门，对我们你可不能像貔貅一样哦。"销售部小王打趣道。

大家都笑了起来，会议气氛终于活跃了一点……

会议的最后形成了采用直播带货并马上开始对网店进行建设的共识。由于担心公司以外的人员对茶叶的品质和特点并不了解，无法和消费者真正互动，难以使消费者认同羌茶文化，感受古羌茶艺，因此大家决定直播工作不用外包，自己解决。由于没有直播经验和设备，公司从零开始购买直播设备，临时筹建直播的团队。原本古羌茶艺队的队长张丹最了解企业产品的品质，她语言表达清楚，亲和力强，形象气质佳，是最适合直播和介绍羌茶的人选，但不凑巧的是她刚刚生完孩子在家休养，无法进行直播。营销团队中的彭永刚作为一个不善言辞且没有直播经验的粗犷汉子，只好主动开始学习如何进行直播讲解、如何与观众互动等知识，每天坚持直播为大家介绍茶叶基本知识、茶的历史文化、制作茶的工艺以及企业产品。虽然每天坚持直播，但是由于没有前期的粉丝基础，即使通过抽奖活动促进转发扩散，观看直播的人数也只有百余人次。仅在茶山直播的当天，直播间人数突破了 400 人次，达到了近期直播在线人数的峰值。但是这个人数和流量"大 V"的直播间人数相比显然微不足道，即使是与同行业早一步布局直播销售的店铺相比，在线人数也要少很多。企业开始采取了一系列积极的求生措施应对疫情。

疫情不但给企业销售活动带来了挑战，对于羌山雀舌茶业有限公司的生产也带来很大的负面影响。茶叶生产是高劳动密度季节性行业，即使羌山雀舌茶业有限公司属于机械化生产的企业，固定员工有几十人，但是在每年的采茶季节也需要大量的临时采茶工参与 3 个多月的产茶工作。四川茶的产值很大一部分来自名优绿茶，而生产品质优良的绿茶对原料有极高的要求，采摘标准和采摘时间都相当讲究。疫情对采茶工的心理产生了极大的影响，疫情期间大多数的临时采茶工不愿意外出，不愿意乘坐交通工具，不愿意在外用餐，不愿意与其他人有接触。对于茶叶企业的招工广告，许多采茶临时工人并没有像往年一样积极响应，企业招工难度较大。2020 年的清明节是 4 月 4 日，有名的明前茶一定要赶在清明前生产，此时，疫情的阴霾在全国还没有完全退散，世界上其他国家疫情也在不断加剧。为了招揽更多的采茶工人采摘鲜叶，企业只能付出更高的职工薪酬，如此一来，茶叶的生产成本又被进一步抬高，企业资金运营更加捉襟见肘。

2020 年，羌山雀舌茶业有限公司第一个季度的销售比其他年份同期下降了 60%。由于无法开展有人群聚集的任何线下活动，公司位于擂鼓镇的盖头山的 1050 亩生态茶园羌族特色的茶文化与采制茶体验、茶文化旅游项目也受到了极大的影响。虽然公司也邀请了全国各地的游客来体验采摘制作茶叶的流程和感受羌茶文化，但是前来体验的游人数目不到往年的 1/3。

四、时人不识凌云木，直待凌云始道高

这次考验，暴露了企业营销渠道和品牌识别度低等方面的问题。虽然企业采用了线上销售的营销方式，但是由于品牌识别度低，线上目标市场群体太少，人流量不足，促销手段难以达到预期的效果。面对近年来不断涌现的大大小小的茶叶品牌，以及消费者的购买方式和渠道的变化，一场疫情更加凸显了企业打通和完善线上营销渠道的必要性，以及进行品牌建设的迫切性。

正是疫情带来的考验，更加坚定了牛义贵决定走区域品牌建设、企业品牌建设道路的决心，他认为："羌茶品质并不低，并不比大品牌茶叶品质差，只是在整体品牌运作上有所欠缺。"多年来他一直致力于推广、打造区域公共品牌——北川茶叶，他说："只有公共品牌立起来了，下面的企业品牌才有活路。"

而北川优良的珍稀茶树品种"苔子茶"为北川茶业构建了强势发展的根本基础。说起苔子茶，牛义贵双眼放光。"我们公司光百年以上树龄茶园就有 4000 余亩。"他骄傲地说道，"以西路边茶为代表的羌茶文化历史悠久，用蔑包包装的边销茶历史底蕴深厚，饮用黑茶本身也有诸多好处。"

渠道建设必须未雨绸缪，时不我待。

牛义贵作为北川茶叶协会的会长，积极地与政府、企业、协会一起组建一个新的组织，以市场为导向，进行区域品牌的推广运作。同时，他从古树茶入手，梳理农业文化遗产的自然价值和文化价值。羌山雀舌茶业有限公司联合科研单位对北川茶叶进行物理化指标的检测量化，将分布于全县不同区域的老茶树进行编号整理，采用物理化指标测量和审评茶叶，将北川茶叶的优势以实实在在的数据体现出来。此外，羌山雀舌茶叶的生产准备与物联网技术结合，为羌茶的生产插上高科技的翅膀。羌山雀舌茶业有限公司也将继续对非遗传承古羌茶艺的技艺规范、制作方法、品饮方法、历史文化特色、文化价值进行文献梳理整理，将北川茶的自然价值、文化价值、非遗技艺价值汇集成书，形成文字资料，并采用多种形式对外

进行传播；通过融入羌族文化，提高北川茶叶和羌山雀舌茶叶品牌的识别度，此外，牛总还想规范茶艺学校，通过工艺培训的方式对地方和专业茶艺师进行培训，以文化的主动传播带动地方茶文化和茶产品的宣传。

这次突发的公共卫生安全事件让羌山雀舌茶业有限公司发现之前的目标市场选择未必准确。公司产品消费群体主要集中在"注重养生"的中老年消费群体，这类消费者对品牌的忠诚度并不高。中年消费者往往处于"上有老，下有小"的状况，羌山雀舌的生态品质和适中的价位吸引了这部分消费者，但是疫情使得这部分消费者首先放弃不是生活必需品的茶叶。

牛义贵在北川县长办公室讨论将北川茶叶作为地区扶贫产品进行开发，回到公司打开电脑开始写《北川茶产业发展建议》。回想起县领导充满期望的目光，牛义贵暗自思索："羌山雀舌必须做大做强，才能回馈这片祖祖辈辈生活过的热土。"他脑海中浮现出不久前与线上营销负责人刘总的对话。

"现阶段公司的销售情况如何？"牛总问。

"新店门面装修全部融入了年轻人喜欢的简洁要素，现在一些老客户已经到门店品茶、购茶了。我让所有门店的销售人员帮这些客户关注了公众号。对于第一次进网店购买茶叶的老客户我们还采用了赠送茶叶小礼品的活动。"刘总回复道。

"那网上销量达到预期的计划了吗？"牛总追问道。

刘总面露尴尬之色，迟疑了一下："与预期的计划相比还有一定的差距，但是门店销售和线上销售的总量已经比前两个月好了很多。您之前让我们关注20~30岁这部分消费群体的想法和感受，以前不好收集，网店平台提供了这种便利。目前收集的信息是这部分年轻人喜欢羌茶的茶香味，但是不喜欢传统羌茶的苦涩味，而且认为我们公司的产品口味比较单一……"

"消费者的反馈都是重要的信息，是我们对市场进行及时调整的依据。要好好利用这个平台，真正了解消费者的想法和感受，生产消费者真正需要的产品，要特别重视负面的评价和建议。"牛义贵打断了刘总的话。

刘总点头道："现在有消费者反馈茶叶品质不错，但是包装太简陋，无法满足送礼的需要。"

"成功的经验你们要及时总结和推广，障碍要考虑如何破解……"牛义贵总结道。

线上销售只能摸着石头过河。新冠疫情猝不及防，前期的线上销售策略应对仓促，全面开花，但是对于羌山雀舌茶业有限公司这种西部中小企业，面面俱到可能并不合适，后期是否应该根据前期的线上销售的情况重点落实某种最有效的销售渠道呢？如果采用跨界营销是否可以提升品牌知名度、吸引更多的消费群体呢？牛义贵陷入了沉思之中……

【启发思考题】

1. 基于4C营销组合策略理论，分析羌山雀舌茶业有限公司在新冠疫情期间采取了怎样的数字化营销策略。

2. 羌山雀舌茶业有限公司在新冠疫情期间的数字化营销策略应当如何优化？

果酒营销创新：
线上线下双渠道协作之路[①]

本案例适用于市场营销等课程。案例聚焦中小型传统企业成都某果酒有限公司对营销渠道的发展探索，从只做线下散装果酒产销，到开通新产品瓶装果酒产品线，开始进行线下传统营销与线上网络直销相结合的双渠道营销。本案例主要关注了该企业在双渠道管理方面遇到的问题以及是如何优化的，希望本案例可以引发同类中小型传统企业思考如何在竞争愈发激烈的市场环境下，探索更适合本企业发展的营销渠道，进行渠道管理创新。

一、引言

"叮铃铃······叮铃铃······"一阵急促的来电铃声惊醒了正在沉思中的王总。

"诶，老板，我之前在你家买了酒，我看是从成都发货哇？我现在就在成都，直接来找你拿货得行不哦？"

"诶诶，您好，您在成都啊······"电话内容让王总一时反应不过来，

① 本案例由西南科技大学经济管理学院张莉、郭慧妍、何波、王梦玲共同撰写，经中国管理案例共享中心授权使用。由于企业保密的要求，本案例对有关名称、数据等做了必要的掩饰性处理。本案例创作于2023年10月，案例中数据和信息等均截至该时间点。本案例只供课堂讨论之用，并无意暗示或说明某种管理行为是否有效。

他回应道。

"你们让我一顿好找哦，西南食品城都没得卖，难道是酒香不怕巷子深哇？我原本在你们网店里头买了酒，感觉还多好喝嘞。我这回开车经过成都，想直接买些酒就带回去了，我到哪里来找你嘛？"

原来这位是来自线上的顾客，在网店购买了瓶装果酒，觉得不错想要复购，其时恰逢在成都出差，就直接到西南食品城寻觅却无果，然后翻看手机找到之前的下单记录"联系商家"，这才将电话打到了王总这里。王总告诉顾客，散装青梅酒线下分销商或者销售门店比较多，但是其购买的瓶装果酒线下分销商比较少，遂建议顾客直接跟随自己到酒厂取货，最终该顾客驱车 40 千米到达该果酒公司的生产酒厂购买瓶装果酒。此时是2020 年 1 月 10 日，成都某果酒有限公司电商运营主管王总原本正在为新产品瓶装果酒的包装设计不太适合而头疼不已，这通电话一语惊醒梦中人，此事在王总心中泛起层层涟漪。

二、果酒清香引人倾

我国是果酒生产大国，在果酒方面的研究也已取得较大发展，中国果酒不仅品类繁多，而且绵延千载而不绝。果酒含有维生素 B1、维生素 B2、维生素 C、锌、铁、氨基酸等人体所需的营养物质。除此之外，果酒所含酒精度较低，为 5%vol～14%vol 浓度，适量饮用果酒不仅可以增强心脏功能，使心脏跳动慢而有力，还可以增强血管弹性，减小血管破裂或受损的可能性。同时，适当饮用果酒对人的大脑思维活动也具有一定的积极作用，可以有效减少脑力疲劳，提高学习工作效率。

果酒虽然具有如此多的好处，但其在国内的发展一直非常坎坷和曲折，地位一直处于白酒、啤酒以及调制的鸡尾酒之下，总是略逊一筹，售价也一直不易提升。随着人们生活品质的提高以及消费理念和习惯的变化，果酒的诸多优点和独特功效受到越来越广泛的关注。

三、稳中求进创新渠

该果酒公司自创立开始，一直专注于果酒中梅子酒（青梅酒）的酿制和散装售卖，至 2019 年已历时几十年。该公司将生产制作的果酒放入大酒缸中进行存储，顾客一般自带酒瓶来买酒，按斤购买，也俗称"打酒"。

"现在公司线下的散酒卖得还不错啊，稳稳当当的，我们是不是可以多多拓宽市场了？""怎么做呢，还是卖散酒吗？这个酒大多是城镇上中老年人提着酒罐来买，我们直接装好卖给其他人吗？"公司老总们看着酒厂里的酿酒缸低声交谈着。

该果酒公司几十年的发展历程以及一贯优良的果酒品质为公司积累了良好的客源和口碑。科技不断发展，时代不断进步，该果酒公司决定跟随时代前进的步伐，全新开设一条瓶装果酒的生产线，以电子商务销售渠道作为市场拓展的突破口。虽然该果酒公司有具备十多年工作经验的酿酒师傅，可以保证果酒质量，但是由于公司十分缺乏产品包装设计和电商运营人才，暂时不能进行产品外观创新设计和电商模式的运营销售。于是经介绍，具有电商从业 3 年和生鲜创业 2 年经验的王总被公司聘用为电商运营主管，主抓瓶装果酒的网络销售。前期的调查显示，该果酒公司是通过酿制青梅酒散装售卖发家，也接受其他公司品牌的产品代工，这些公司也一直认为该果酒公司在果酒品质上是做得非常好的。结合团队调研结果和对不同国家不同品牌之间的果酒价格对比分析，公司认为瓶装青梅酒生产线便是具备优势特长的产品线。在与王总及其运营团队讨论后，公司决定主打瓶装青梅酒，针对具有稳定收入和资产、接受过良好教育、有生活品位及健康爱好、致力于提升品质生活的"品质人群"，比如相对年轻的白领、大学生等。2019 年年中，公司开始酝酿创新产品生产线，不断改进果酒的生产工艺来提高品质与口感，瓶装果酒的电商运营也在王总的带领下逐步推进。

四、山重水复疑无路

（一）举步维艰忧销量

该公司主要针对青梅酒的瓶装果酒进行开发，已经注册了瓶装果酒品牌。现有果酒产品主要是青梅酒和桑葚酒两种，当销量发展到一定规模，公司将陆续研究生产蓝莓酒、桃花酿、玫瑰花酒、蜜桃酒以及桂花酒等多种类果酒。2019 年下半年，王总团队陆续在淘宝、拼多多、苏宁易购等电子商务平台各开设一家直营店铺，销售已经生产设计好的瓶装果酒。电子商务平台可以打破产品销售的地域限制，产品物流信息会根据实际运输情况显示在订单中，顾客有任何疑问，都可以联系客服或者通过电话热线与王总进行沟通。王总计划在瓶装果酒占领一定的市场份额后，加大营销投入，依托电商平台营销规则、运用竞价排名等方式提升品牌知名度。同时，针对不同的电商平台目标消费群体的不同，王总也计划年后（2020年）在京东平台上开设直营店，上线不同品类的主打产品。如果京东店铺的销售数据可观，王总也将考虑在天猫平台开店，不断扩大销售规模。

但事与愿违，当前已经开设的网店销售数据并不乐观，并且由于公司投入资金有限，王总在运营初期也没有办法投入大量广告进行推广销售。王总低头扶眉沉声说道："投放电视广告、网络广告等方式都需要大量的资金，这风险太大了，极有可能导致严重的亏损。老总那边也不愿意拨款，团队只有尽可能地通过优化产品展示、标题关键词来提升产品曝光度了。散酒的门店也不愿意我们陈设瓶装酒，我也很难做啊！"

（二）线上线下难商量

王总决定在开设网店的同时，采用与线下实体中间商合作的方式营销推广瓶装果酒。到目前为止，该果酒公司的线下合作商有两类，分别是超市与饭店。

1. 超市

公司与周边地区的中小型超市进行合作销售，选择两种合作方式：

①条码费换取摊位，此时信息就等于费用，超市提供摊位摆放瓶装果酒，不管是否有销量，公司都必须缴纳条码费。②批量卖给超市，公司与超市形成长期合作关系，将瓶装酒批量卖给超市，超市购买取得商品所有权并转售。

2. 饭店

饭店提供摊位，不收取任何条码费以及其他费用，只有当该公司的产品卖出去时，根据销售额的多少与公司进行一定比例的分成。

公司在线下并没有开设单独的售卖瓶装果酒的实体店铺，只与超市、饭店这样的分销商合作。王总主抓的是瓶装果酒产品的推广，想要和线下散酒门店进行合作，陈设瓶装果酒进行售卖，从而达到通过口碑进行引流的效果，但遭到线下散酒门店负责人果断拒绝。

"王总，恕我不能同意，你们想把瓶装酒放到我店铺里卖，那要是大家去买你们的瓶装酒了，不在我这里打酒喝了，那我这么多散酒可怎么整啊？""散装酒卖得好好的，群众基础打好了，现在直接给你们让道是吧？酿酒师傅也要被你们叫走帮忙生产瓶装的，你们是想不卖散酒了是吧！"好几位线下散酒门店负责人的抱怨声充斥在王总的耳边。

"线上销售线路与线下散装酒完全分开，怎么吸引顾客到线上购买产品呢？"这成了王总不得不思考的一个问题。降低瓶装果酒的单价？增加营销成本广为宣传？而在此时，王总发现与线下分销商合作的反馈效果与预期也存在差距：提现费用高，销售状况也并不好。

"线上线下的销售业绩跟不上，产品卖不起价格，没有足够的利润让公司去做广告促销，缺少人力与资金导致许多方案执行不了，这就陷入了一个比较难堪的恶性循环。没有广告，就没有曝光，没有曝光就意味着没有销路，该怎么把我们产品宣传出去，也是我们遇到的大问题"王总如是讲道。于是王总团队开始对瓶装果酒进行产品组合定价，考虑到初期的潜在顾客不足，在果酒单独一瓶销售的同时，也会以某一价格出售混装的多瓶果酒，这组混合的果酒总价格低于单独购买其中每一瓶的费用总和。此外，在活动日也会进行促销，例如常见的"买五送一""第二件半价"等，但这却引来了线下分销商的强烈不满。

"王总，你们不厚道啊，我这边按照你们定的单价勤勤恳恳地卖酒，卖不出去我自己还得接着，转眼你们就在网上搞活动，两边都想占着，有这么好的事情？"从公司批发瓶装果酒的超市老板情绪十分激动，打电话将王总数落了一通。王总不断按捏着眉心，万万没想到线上的销售竟引起这般影响，这可如何是好。

五、柳暗花明又一村

"叮铃铃……叮铃铃……"一通电话惊醒眉头紧皱的王总。一位顾客在线上店铺购买了果酒，觉得不错想要复购，刚好驾车出差到成都，打算直接线下购买带些回去。这让王总原本灰暗的眼眸一下变得明亮，"为什么就不能争取把线上线下打通呢？"王总灵光一现，夺门而出，找到公司老总汇报近期运营数据，说明想要线上线下双线发展的想法。

老总听到王总口中线下分销商抱怨情绪极其大，当机立断拍板并线，并通知各分销商到场开会："各位兄弟姐妹，大家的情况我都有了解，未来我们也要共同发展，要知道大家好了才是真的好。现在我们公司决定，散酒门店也开始销售瓶装果酒，网店的产品和线下饭店超市都一个价，到了大促的活动日期，可以统一制定促销价格，网店也开始上线桶装散酒，现在科技发达了嘛，顾客可以网上下单那不是方便很多了吗？大家看这样可以吗？"同时老总还强调公司不管是线上还是线下，都要重视产品与服务的质量，不仅要有优良的产品品质，也要有一流的服务态度，顾客满意才是真正的合格。为了使效率与效益齐头并进，公司也开始健全相关规章制度、产品和服务品质要求以及工作奖惩制度，使公司全体员工充分意识到以顾客为中心的重要性，并在日常工作中自觉地担负起塑造良好品牌形象的责任。

老总的安排让各位负责人称心满意，纷纷专心投入自己门店的运营当中。在获得老总的授权后，王总也决定逐步取消与一些大的超市合作，开始转向社区小超市分销商，降低摊位费、条码费成本，并且只提供当前已有的果酒品类，在未来新开发的瓶装果酒将只在线上进行宣传推广。但公司仍会保留与各饭店的合作，以此让消费者有更多的选择，这也是扩大产品知名度的良好方式。

六、立定脚跟节节高

虽然问题不断，但是该果酒公司脚踏实地，在磕磕绊绊中坚持产品品质，为顾客提供良好的服务，不断试错、不断改进。正如王总所说："都市里的居民，工作一天之后，拖着疲惫的身躯回到家，品上一杯梅子酒，身心得到极大的放松，精神压力得到舒缓。"王总品着青梅酒，一直以来的紧张情绪得到片刻缓解。截至2021年末，该果酒公司上线的瓶装果酒产品逐渐受到市场青睐，线上店铺的瓶装果酒销量逐步提升，消费者的留言也是好评不断，纷纷反馈在店铺里可以同时购买到大桶装的散装果酒与精致的瓶装果酒很是方便。至此，该果酒公司线上线下的营销配合取得较明显的效果。

王总还透露道，公司未来准备通过抖音直播、淘宝直播等方式进行低成本的推广售卖；适当邀请一些当代潮流"网红"拍摄该公司果酒的宣传视频发布到抖音、快手、小红书等平台，不断与消费者建立良好的沟通关系。

七、尾声

该果酒公司作为已有几十年历史的老品牌，其良好的产品品质与口感风味吸引了广大顾客。至2021年末，该果酒公司瓶装果酒发展已逐渐步入正轨。但是居安思危，对于该果酒公司来说，未来公司该如何稳步发展？又该如何获得更多的人力和资金支持来将产品推向一个新高潮呢？这依旧是王总持续思考的问题。

【启发思考题】

1. 该果酒公司为什么要由传统营销渠道向网络营销渠道发展?

2. 该果酒公司在网络营销渠道发展过程中遇到了哪些问题?原因是什么?

3. 王总是如何解决所遇到的问题的呢?未来又该如何继续优化?

4. 该果酒公司的营销渠道问题给类似的中小型传统企业带来了怎样的启示?

良将？忠臣？
——越秀风行乳业管培生项目实施[①]

　　本案例适用于人力资源管理等课程。2020年越秀集团提出乳业板块要在2025年奶牛养殖规模达到行业前三（20万头）、乳制品营收规模达到行业前十的战略目标，而风行乳业作为乳业板块的三子之一，不可或缺地要为其战略目标作出贡献。人才是第一资源，但风行乳业却面临人才梯队建设不完善以及现有人才储备不能满足业务高速发展需求的窘境。本案例运用培训管理体系设计原则、员工培训及其效果转化等理论对风行乳业管培生项目的制定、实施、成果转化之路进行情景重现，分析其在困境中如何转变策略获取人力资源、如何利用双导师制度打造企业内部人才"蓄水池"。

一、引言

　　如今，风行乳业的双导师制管培生项目已经实现了从0到1的突破，从1到2的跨越也指日可待，双导师制管培生项目不仅让培训效果得到了大幅度提升，培训成本也降低了不少。更为重要的是，项目的进一步实施

---

　　① 本案例由西南科技大学经济管理学院杨进、唐宇、李青芝、王艺霖，越秀集团风行乳业连珍共同撰写，案例版权属西南科技大学所有。由于企业保密的要求，本案例对有关名称、数据等做了必要的掩饰性处理。本案例创作于2023年11月，案例中数据和信息等均截至该时间点。本案例只供课堂讨论之用，并无意暗示或说明某种管理行为是否有效。

在很大程度上帮助公司巩固了核心和骨干人才队伍结构，同时企业内部的人才"蓄水池"也得到了扩充，这也进一步支撑着公司未来的快速发展。

每一份成功和喜悦的背后都有着不为人知的艰辛和泪水。透过办公室的窗户望着楼下来来往往的员工，风行乳业人力资源总监刘青不禁思绪万千，随着风行乳业跨越式发展战略规划的确定，常规的人力资源规划显然不能适应公司发展战略的要求。风行乳业需要将人才"蓄水池"建设得更扎实，并打造高质量人才梯队，双导师制管培生项目便是从那个时候开始酝酿、筹划的。在集团总裁的统筹和支持下，以刘青为主导的双导师制管培生项目团队不知道开了多少次会议，经历过多少个日夜的激烈讨论……

二、背景介绍

（一）中国乳制品行业简介

中国乳制品行业起步晚、起点低，从 1997 年开始进入高速增长阶段。数据显示，2010—2018 年中国乳制品产量平稳增长；2018 年上半年，中国乳制品产量累计达 1328.2 万吨，同比增长 8.1%。

1. 行业技术特征

乳制品行业的专有性不强。从世界范围看，乳制品生产加工制造已日渐成熟，各个国家在制造成本和加工技术上差异较小。市场来源比较广阔，国内的生产要素容易获取。

2. 行业经济特征

乳制品在市场竞争中，主要表现为价格竞争和品牌竞争。乳制品行业生产受到地域约束，生产结构较为单一，自然资源约束力也较大，低温乳制品产品的保质期较短，且城乡消费差别大。

（二）越秀风行乳业简介

风行乳业隶属于越秀集团，公司历史可追溯至 1865 年在广州沙面创立的胜记牛奶，1952 年注册"风行牌"商标。一直以来，风行乳业坚持牧工商一体化的全产业链经营模式，以"质量"为核心，以"绿色发展"为引领、不断改革生产设备及创新工艺，已发展成为国家高新技术企业、中国优质乳工程认证企业、中国学生饮用奶定点生产企业、广东省农业龙头企业、广东省老字号企业、粤港澳大湾区"菜篮子"加工企业，2003—2020年连续十八年被评为"广东省守合同重信用企业"。

风行乳业拥有 3 个大型优质奶源基地，分别位于广州市及"黄金奶源带"河北张家口市，距乳品加工基地均不超过 60 千米，共有近 7000 头优质高产奶牛、年产鲜奶近 3 万吨；2 个乳制品加工基地年产能超 10 万吨，生产的产品涵盖巴氏奶、超高温奶、炼奶及甜品四大类 90 多个品种；新建的增城石滩年产 30 万吨生产研发基地，总投资 10 亿元，达产后年销售收入 32.7 亿元、年均利税总额 5 亿元，成为增城规模最大、科技集成度最高、质量管控最严格的食品加工基地。

2020 年，风行乳业与上级越秀集团重组并购的沈阳辉山乳业，形成"南风行、中长城、北辉山"的"一体两翼"全国化布局。2021 年 5 月，风行乳业接管"五羊牌"雪糕。截至 2022 年底，乳业板块总资产规模超 130 亿元，成为全国奶业发展的重要力量。"十四五"期间，风行乳业将按照乳业板块全国化布局的规划，打造成为具有全国影响力、综合实力领先广东的乳制品企业，继续为广大消费者供应更丰富、更具特色的优质产品。

三、一马当先，突出重围

刘青，公司的人力资源总监，一脸愁眉的他正坐在办公室里规划新一轮的人才培养方案。刘青及其团队从上千份简历中，通过资格审核、素质测评、电话交流等选取了 48 人进入了面试，经过第一轮管理层小组面试，刘青对其中一个学生印象深刻：杜一方。在第二轮一对一面试中，他也顺利脱颖而出，成为最终选定的 6 名管培生之一。

选定人员之后，刘青没有直接开始培训工作，而是召集管培生项目团队以战略性、针对性、计划性、有效性为基本原则设计了"5+4+1"的培训管理体系，具体分为 3 个层次，即顶层、支撑和保障。"5"是指培训需求调查、培训计划制订、培训组织实施、培训效果评估、培训工作总结 5 个步骤，它们是培训全流程运营的顶层，也是核心。"4"是指课程开发管理、内部讲师开发管理、培训供应商管理、培训经费管理 4 个资源体系，它们是培训工作开展的支撑。"1"是指一个保障，即培训制度保障，每个管培生会配备两名导师，成长导师带领员工的发展和晋升，业务导师进行员工专业辅导、绩效考核等，同时管培生项目团队对 6 名管培生进行培训效果的辅助考核。

刘青开始给管培生介绍风行乳业的现状、企业历程、企业文化，特别是对经营文化"守正创新，精业笃行"进行着重强调。各部门总监也简要对部门情况进行了介绍。6 名管培生聚精会神地听着，杜一方默默记着笔记。刘青总结道："最后，为了让大家更好地了解公司以及各部门，每个人都会在接下来的时间里经历四次双选式轮岗，每次轮岗为期三个月。作为管培生，是否通过三个月的轮岗，评判标准就是你的轮岗汇报和量化指标，汇报内容包括你的收获是什么，以及你发现部门里存在的问题以及解决措施，由总经理和各部门经理对你的轮岗汇报进行点评。"

2020 年 10 月 14 日，刘青及其项目团队着手准备管培生的入职培训，主题为"告别没有说服力的自己——逻辑思考力"。

刘青从模拟练习入手，故事背景为某个商场接到的投诉意见有如下几条：咖啡店人太多，等不到座位/卫生间数量太少/自动贩卖机的热饮都卖光了/室内的门把手很凉，很容易起静电/希望饭店里能有盖在膝盖上的毯子。现在领导要求"同时解决所有问题"，你作为职员如何行动？

有人连连摇头："太难了！这怎么可能呢！"刘青点拨道："不要一个个单独思考，而是找到这些投诉的背景——'有什么共同点'，略微深入地思考一下吧！热饮卖光，很多人需要毯子，门把手冷和静电引起的不愉快，这些难道不是商场内"太冷"的缘故吗？这样看来，原本毫无关系的卫生间方面的投诉，也是因为商场里很冷，大家都去咖啡馆和自动贩卖机买热饮，就会有更多人想去上厕所。考虑这些相关关系，便会得出假设结论，即这一系列的投诉后隐藏的问题是'商场内空调温度太低了'，从这个推测就可以用'将商场内空调温度提高一些，让顾客更加舒适'解决这一连串的问题。"连同杜一方在内的管培生一展紧蹙的眉头，豁然开朗。

课后，刘青让人事部员工以一对一的比例，记录管培生的课堂反馈情况，及时为新员工答疑解惑。

四、四方之志，功可强成

（一）一破，崭露头角

生产总监秦浩成为杜一方的成长导师，张秋生成为杜一方的业务导师。10 月 19 日，秦浩与杜一方进行了一对一的谈话。杜一方悉心听了很多，其中印象深刻的还是秦总监说："'海不择细流，故能成其大；山不拒细壤，方能就其高。'对待安全生产工作，不论是决策者还是执行者，都应该持有'举轻若重'的态度，把安全生产工作的小事当作大事来抓，高度重视安全生产工作的细节。一个企业，员工实现了安全，整个企业才能良好运行，企业的效益和发展才会有保障。只有企业实现了效益，员工才能根据业绩实现自我的效益。归根结底，安全工作不仅是企业的效益，更是自我的效益，两者相辅相成。所以企业和员工是一个共同体，既是安全共同体，又是效益共同体，更是'命运共同体'。"

10 月 26 日，刘青及其项目团队和张秋生着手准备轮岗培训第一课，主题为"提高责任素养——生产一线的安全管理"。张秋生主持讲道："现在的很多安全事故都是由于上级领导思想不重视造成的。甚至部分企业的上级领导还认为'死得起伤不起，预防成本高，死亡成本低'。此外，一些企业的上级领导在安全生产管理工作中取得一些成绩就沾沾自喜，以为安全生产工作已经做得很好了，慢慢地，就开始对安全生产管理懈怠下来，对上级布置的工作表面应付，不认真抓一些实质性的工作，认为开会已做了布置、提出了要求，下属按要求去做好，工作就完成了。但是，只要有人类活动，就有安全问题；只要有安全生产经营活动，就有安全生产问题。大量惨痛的事故也告诫我们，一旦思想稍有麻痹，安全事故就可能在我们身边甚至是自身上发生。因此，企业领导必须充分认识到安全生产的长期性、复杂性、艰巨性和极端重要性，牢固树立'为官一任，保一方平安'的责任感。在安全生产工作上要以身作则，按照规章制度进行管理，明确责任。当生产和安全发生矛盾时，必须先处理好安全问题。因此，企业的领导者应该努力学习安全知识和规范，掌握安全技能，加强对生产过程不安全因素的检查，及时发现存在的问题，从而杜绝安全事故发生。第一次轮岗培训课后的考试内容，包括安全生产概述、安全生产法规体系介绍、安全生产组织保障、安全生产基础保障、安全生产管理保障、安全生产责任体系、安全生产技术体系、职业危害预防和管理、事故与应急处理体系和现代企业安全管理模式等十个方面，考试时间在三天后，地点等后续通知。"

刚刚通过培训考试还没来得及高兴，现实情况的复杂多变就让杜一方的心态一度濒临崩溃，不由得感慨道，"纸上得来终觉浅，绝知此事要躬行。"为了使杜一方尽可能快速地适应工厂的环境，张秋生手把手一边带着杜一方琢磨流水线的流程细节，一边带着杜一方与周围的技术人员和工人们打成一片。久而久之，杜一方能够向他人主动请教和讨论问题。积极走近他人、学习他人的杜一方，凭借工作踏实、聪明活泼、人缘好，得到了张秋生和一线工人们的夸奖。

2021年1月25日，第一次轮岗结束之际，杜一方也迎来了第一次轮岗汇报，起初的紧张不安在充足的准备下化为了自信，加之汇报时的出色表现，杜一方顺利地通过了第一次轮岗。在此期间，刘青也让人事部员工和杜一方认真研讨第一次轮岗的心得体会，记录并对比其职业发展规划。

（二）双连，小试牛刀

1月28日，杜一方第二次轮岗选择了营销总监苏文石作为成长导师，邱敏作为业务导师。苏文石一对一地和杜一方谈道："市场是企业生存之本。可以说市场强，企业强；市场优，企业优；市场弱，企业弱；市场衰败，企业必然衰败。这是不以人的意志为转移的'铁血定律'，后面的时间你先在邱敏的队伍里熟悉一线销售任务，希望你的成绩不会让我失望。"

就像是久旱逢甘雨，杜一方的加入，让邱敏莫名地激动。邱敏先是发了一些基础性的资料供杜一方学习，感觉不够，又把最近刚进入的市场资料发给杜一方，让他结合具体项目，系统、快速地学习相关理论知识；最后将一线销售相关的制度、流程都一一发给他，让他同步消化。

2月4日，刘青及其项目团队和邱敏着手准备轮岗培训第二课，主题为"提高销售技巧——销售精英的形象塑造"。

邱敏在培训课上侃侃而谈："绝大多数销售人员需要继续提高销售技巧，包括战略性技巧和战术性技巧。不同购买者行为与销售方式决定了不同的销售技巧的重要性，涉及集体决策长期而复杂的销售、重复性购买者、已有系统购买者、大宗商品购买者销售。战略性销售技巧尤其重要，同时要掌握战术性销售的技巧。这一次的课后作业就是在轮岗结束时进行商品A的销售额考核。定量KPI指标包括所有的销售目标，也就是财务目标和市场目标，例如销售金额、销售数量、目标或预测比例、新增客户数量等；还包括销售活动，例如对潜在客户和现有客户每周拜访次数、方案提议的数量、产品演示次数等；定性的KPI包括销售技巧、知识和工作态度，考核时会参考管培生项目团队对你进行的行为记录。"

课上，杜一方很谦虚，学得也很认真，不时提出一些很有见地的问题。邱敏觉得杜一方的基本素质不错，暗自赞叹不愧是管培生。课后第二天，邱敏和杜一方一起到了一线营销点，听他介绍商品的整个状况，从商品A的基本特点到运营的整个流程，从客户的类型到不同类型所占的比例……邱敏听得很认真。此后几天，邱敏一直带着杜一方工作。此后一个月，商品A的销售持续火爆，营销部人员的工作也越来越顺当，管理越来越得心应手，都能熟练地应对客户。杜一方现在已经成为一个业务老手，自己开拓了不少域外业务，当然还是免不了经常找邱敏请教。邱敏很高兴，高兴的是自己终于带出了一个熟练业务的营销队员。5月4日，第二次轮岗结束之际，杜一方也迎来了第二次轮岗汇报。

（三）三连，初露锋芒

5月7日，杜一方第三次轮岗选择了审计总监王嘉鸿作为成长导师，陈晓岚作为业务导师。王嘉鸿一对一地和杜一方谈道："随着经济改革和管理创新的深入，内部审计的作用日益显现，企业对内部审计的要求正在从传统的纠错防弊，向整体上提高管理水平和提升风险防范能力方面转变。面对新形势，内部审计部门必须突破传统的职能定位和工作思路，重新审视自己在单位管理中的地位及所肩负的使命，内部审计的实务工作者应深入研究和全面领悟内部审计的使命，积极探索内部审计使命的实现途径，这样才能为决策层做好服务，发挥内部审计的更大作用。恰逢这一段时间企业会进行外部审计，你可以跟着陈晓岚先进行一次内部审计工作。"

5月14日，刘青及其项目团队和陈晓岚着手准备轮岗培训第三课，主题为"强化内部管理——内部审计的工作规范"。

在培训会议上，陈晓岚讲道："如果你认为内部审计就像'钦差大臣'，只是到处看、挑别人的错，自己没有责任，那我告诉你，你会直接被我开除！如果是这样，那么内部审计的价值何在？内部审计人员的价值何在？既然没有价值，我也应该被开除，这样起码还可以减少公司的浪费！"严肃的言语不由得让杜一方打起十二分精神。

陈晓岚以标准作业程序（standard operating procedure，SOP）着手，让杜一方对着 SOP 做审计检查清单。两天后，杜一方把完成的初稿交给了陈晓岚。陈晓岚连看都没看，直接问道："这份 SOP 你都了解清楚了吗？"杜一方点头说："了解清楚了。"陈晓岚接着说："好，你告诉我，为什么会有这份 SOP？按照这份 SOP 的要求，将由什么人在什么时间、什么地点采取什么措施进行操作？如何进行操作？"杜一方当时哑口无言。杜一方只顾着一条一条地看 SOP 的规定，一条一条地对照着做检查项目，并没有想这么多。

陈晓岚接着说："做内部审计，要先把整体脉络理清楚，然后进行细节分析。现在你重新阅读 SOP，按照这个方法找出这些要素，再看看你们的审计检查清单用不用做修改。"按照陈晓岚的要求，杜一方重新梳理了几遍 SOP。慢慢地，对于杜一方，SOP 的内容不再是干巴巴的文字和生硬的规定，整体脉络逐渐变得生动和清晰起来。

过了一段时间，陈晓岚拿来一些审计报告和审计工作底稿，让杜一方学习。陈晓岚对杜一方说："做内部审计，不像做会计或外部审计有严格的标准可以遵循。要想做好内部审计，必须勤思考，而且要学会换位思考，凡事多问几个为什么。只有站在对方的角度思考问题，你才能感悟对方是怎么想的、怎么做的，这样才能提高与对方沟通的效率。"

经过陈晓岚的严格培训和自己三个月的努力，杜一方已经基本适应了内部审计工作，对审计程序的实施、风险点的评估与把握、审计报告的撰写及审计沟通等都越来越得心应手。再加上自己对工厂的生产运营也比较了解，对公司的销售操作已经非常熟悉，所以外部审计工作开展得很顺利。8月16日，第三次轮岗结束之际，杜一方也迎来了第三次轮岗汇报。

（四）四连，脱颖而出

8月19日，杜一方第四次轮岗选择了行政总监李泽君作为成长导师，邓婉月作为业务导师。李泽君一对一地和杜一方聊道："很多人都抱怨说行政工作就是打杂的，我并不反对。因为就事实而言，行政工作的门槛并不高，并不需要多么高深的专业技能，也不需要资质证书，但是一点也不轻松，甚至可以说非常琐碎——不仅要服务好'人'，还要管理好'物'；不仅要做好内部管理，还要做好对外的沟通协调。但是正是这些事情的解决，才让公司得以畅通高效地运行。行政工作可以说是一份以小见大的工作。"

8月26日，刘青及其项目团队和邓婉月着手准备轮岗培训第四课，主题为"夯实企业管理——行政制度的宣传贯彻"。

在课上，邓婉月一一讲解了修订、梳理后的各项管理制度，重点对办公用品管理制度、员工行为规范准则等进行了详细介绍；并结合实际工作中的案例，着重强调了员工素养的改进和提升，并要求员工认真学习行政管理制度，严格按照制度要求办事，规范工作中不好的行为，提高工作效率。

工作一段时间后，有同事向杜一方反馈，现在园区车辆没有位置停车。收到反馈后，杜一方从几个方面进行了确认。一方面咨询了园区入口和园区内负责巡查的保安关于停车的情况，另一方面从数据角度核对了园区可用车位数量和实际每天进出车辆数据，最后得出的结论是：目前园区车位是基本能满足需求的。

于是，杜一方跟提出问题的同事进行了沟通。在杜一方提出支撑依据后，同事支支吾吾地说其实问题是在高峰期需要把车停在离办公楼和食堂很远的地方，并不是没有位置停车。经过一番沟通和澄清，杜一方的问题已经从园区没有停车位变成了园区靠近办公楼和食堂的优质资源被挤占了。

在确定初步原因后，杜一方和同事进行了进一步分析讨论。他们认为最主要的还是由于公司实行免费停车的政策，因此部分同事会把车停放在园区。从便利性考虑，这些同事一般会优先选择停放在地下车库或是靠近办公楼和食堂的位置。

为了验证此前的想法，杜一方对一段区间内的车辆停放数据进行了分析（包括车辆个人信息、夜间停放天数、家庭住址等），同时对部分长期停放的同事进行了抽样调研，结果显示有70%的停放问题还是多辆车和居住在周边区域的同事导致的。

基于园区车位暂时能满足停放要求的前提，杜一方率先提出将车库和办公楼、食堂周边的车位计入停放天数统计范围，规定每个人每月累计停放的次数不能超过5次（0点至6点停放在该区域停放计数1次），做到尽量将这些车位释放出来，让大家先到先停。这一次改动也使得公司车辆管理制度更加完善。

11月26日，针对第四次轮岗，刘青亲自安排并指导杜一方进行了一次员工汇报，当着管辖部门和人事部门的面，详细介绍了本次轮岗的心得体会和工作建议。虽然汇报过程较为轻松，但认真研读过杜一方的PPT的人会发现，他的每一页PPT都有人事部同事记录的身影、与部门老员工的交流照片。由此可见，杜一方是一个实打实的实干家，正是这一份真诚好学的态度，激励着与他接触的每一个人，也让刘青坚定地认为他就是自己苦苦寻找的可担重任之才。

五、尾声

又是一年元旦临近，在清静的办公室里，刘青对着他的电脑屏幕"咔嚓"点击着鼠标。他的脸上倒映着一段段的文字，正好是这一年杜一方和其他管培生们的职业生涯记录。

这时候，董事长的专线打了进来，说道："小刘最近忙不忙？我听说最近咱们公司的管培生计划搞得井井有条，我想其中肯定少不了你的功劳，我也相信这批管培生在你手下两年，差不多可以独当一面了。趁着'小将'们准备上岗的时间，你也可以准备接下来一轮的管培生招聘和直岗管理层招聘，争取尽快在这个季度完成目标数量，董事会已经给你准备好了丰厚的年终奖金!"和董事长简单地寒暄过后，刘青也应下任务，当即组织起部门人员针对岗位情况需求和人才规划展开研讨会，确定了初步的招聘内容和招聘策略。

刘青在陆续几天内同几种不同类型公司的 HRD（人力资源总监）交流之后，初步拟定了企业未来五年的人力资源战略规划。他决定根据国内不同片区的实地情况，采用多元化员工结构形式，做到生产保质保量，运输不断不慢，销售可供可控。

在新一批秋招中，刘青的人力资源部门招聘到了管培生 18 人、直岗人员 30 人，管培生计划如期进行。公司各部门除正常休假以外再无其他紧急的人员调动情况。

【启发思考题】

1. 结合员工培训内容，谈谈本次员工培训对企业有哪些作用。刘青设计了哪些环节帮助管培生成长？

2. 如果你是刘青，你会如何进行"双导师制"培训的成果转化和效果评估？

3. 如果你是刘青，你将如何设计新一期管培生计划？

产业新城开发性 PPP 何去何从：
华夏幸福财务危机之困局①

　　本案例适用于公司金融等课程。案例首先从投资者问题和华夏幸福基业股份有限公司（以下简称"华夏幸福"）遭遇审计出具重大不确定性事项报告入手，提出华夏幸福财务危机问题；其次，描述了华夏幸福的产业新城开发性 PPP 业务模式特点、运作机制和收入模式；再次，从财务视角揭示了十年来，华夏幸福产业新城开发性 PPP 模式面临负债高、应收账款周转慢、存货周转慢和现金流紧张问题，进一步介绍了华夏幸福产业新城开发性 PPP 项目开发主体运营情况；最后，探讨华夏幸福产业新城开发性 PPP 模式再设计，期望化解华夏幸福的财务危机。通过对本案例的讨论，引导学生理解产业新城开发性 PPP 模式，发现案例企业的财务危机问题，分析案例企业财务危机的原因，思考化解案例企业财务危机的方案。该案例对开发性 PPP 模式价值分配具有一定的启示和借鉴作用。

一、引言

　　2021 年 10 月 30 日，刘先生坐在电脑桌前，打开电子邮箱，不出所

---

　　① 本案例由西南科技大学经济管理学院万福、平安银行珠海分行万雨东、华创证券成都营业部杨宸，以及西南科技大学经济管理学院学生谭聪、黄胤政共同撰写，案例版权属西南科技大学所有。由于企业保密的要求，本案例对有关名称、数据等做了必要的掩饰性处理。本案例创作于 2022 年 12 月，案例中数据和信息等均截至该时间点。本案例只供课堂讨论之用，并无意暗示或说明某种管理行为是否有效。

料，一个月前已发向华夏幸福基业股份有限公司（简称"华夏幸福"）董事会的邮件还是未有回信，他陷入了沉思……刘先生是一位退休员工，闲暇之余炒炒股，十几年的经验让他也谈得上是资深股民。对股市的风风雨雨刘先生早已习以为常，但这次入股华夏幸福的经历却让他困惑不已，华夏幸福股票价格从 2019 年 12 月 31 日的 20.92 元跌到 2021 年底的 3.6 元，他不明白为什么这次投资会失败，华夏幸福出了何种问题？

刘先生带着自己的疑惑找到了证券公司的张经理，希望能从他那里获取答案。张经理认为这一问题具备探讨价值，便回访恩师李教授，共同寻求问题的答案。李教授耕耘证券投资多年，对华夏幸福股价走势产生了兴趣。华夏幸福经过 20 余年的发展，探索出产业新城开发性 PPP[①] 模式，华夏幸福营业收入的高增长曾经是业界奇迹，尤其是"固安工业园区"的成功获得了国务院的表彰。但为何发展不能持续？团队成员从华夏幸福公司 2020 年的年报[②]入手，了解到其产生了严重的财务危机，这是如何形成的？刘先生的困惑该怎样释怀呢？

二、华夏幸福简介及行业背景

（一）华夏幸福简介

1998 年王文学创立华夏幸福基业股份有限公司，2011 年借壳国祥股份上交所上市。公司秉持"服务即未来"的理念和"服务实体企业，发展县域经济"的使命，以产业新城为平台，住宅开发和资产管理为基础，通过"政府主导、企业运作、合作共赢"的开发性 PPP 市场化运作机制，打造以产业发展为核心的服务体系，致力于成为中国领先的产业新城服务商。

---

① 政府和社会资本合作（public-private-partnership，PPP）模式，指政府通过特许经营权、合理定价、财政补贴等事先公开的收益约定规则，引入社会资本参与城市基础设施等公益性事业投资和运营，以利益共享和风险共担为特征，发挥双方优势，提高公共产品或服务的质量和供给效率。

② 中兴财光华审专字.关于华夏幸福基业股份有限公司 2020 年度财务报表无保留意见审计报告中与持续经营相关的重大不确定性段涉及事项的专项说明［R/OL］.［2022-10-27］. http://static.sse.com.cn/disclosure/listedinfo/announcement/c/new/2021-04-30/600340_20210430_11.pdf.

同时在传统产业新城主营业务领域外，布局商业综合体、公共住房、康养、科学社区等商业地产及相关业务。

自 2011 年上市以来，近十年间，华夏幸福营业收入由 78 亿元增长至 2020 年的 1000 余亿元，股东净利润由 12.8 亿元增长至 48 余亿元。

（二）华夏幸福主业

刘先生是某物流产业园的退休工程师，他对于园区开发独有一番见解，类似于华夏幸福这样的企业，刘先生的股票都曾盈利，这是他选择投资华夏幸福股票的主要原因。

据华夏幸福 2020 年报（以下简称"2020 年报"），公司业务分为产业新城及相关业务和商业地产及相关业务两大板块。

1. 产业新城及相关业务

产业新城是以产业发展为基石，以"产城融合"为标志的城市发展创新模式。相关业务由企业与政府签订合作协议，内容包括区域整体规划、区域基础设施建设、以招商引资为主的产业发展服务、园区运营服务等。

2. 商业地产及相关业务

商业地产业务主要通过商业综合体、公共住房、康养、科学社区等领域开展布局工作。华夏幸福在"五大核心都市圈、八大重点城市"重点布局，加速开拓轻资产运营模式，完善公司业务结构。

2020 年华夏幸福一千余亿元的营业总收入中产业新城收入占 99.9%。

（三）华夏幸福产业新城行业背景

产业新城开发性 PPP 既是一项投融资活动，又是一项城市运营管理模式，产业新城建设和运营有利于地方经济、科技、社会和人文的发展，主要表现在地区生产总值增长、就业和社会福利的增加上，是一种社会价值和经济价值的创造活动，参与主体是地方政府和社会资本等。

华夏幸福产业新城战略与国家"十四五"规划提出的建设现代化都市圈定位吻合。产业新城作为都市圈内的节点城市和微中心，将成为城市群内城市间有机链接和协同发展的坚实基础，并将是未来新增人口的集中承载地，区域一体化规划和政策的承接地，以及基础设施和公共服务一体化的载体。产业新城顺应国家政策和地区发展趋势，面临难得的发展机遇。

2020 年报说：华夏幸福产业新城顺应国家都市圈的定位；中国城镇化已迈入都市圈时代；产业新城模式可复制，助力区域经济发展。

三、华夏幸福产业新城开发性 PPP 模式

刘先生认可华夏幸福的商业模式及经营理念，尤其是华夏幸福的"3+3+N"产业布局和发展战略。他从 2018 年年初以来一直关注着这家公司。出于投资者敏锐的观察力，他在年末股价下跌至低谷时果断入手，判定其未来一定有回涨的可能。他认为华夏幸福产业新城开发性 PPP 模式的优势在于企业与政府合作，有政府加持能减少发展阻力。

华夏幸福产业新城开发性 PPP 模式：以实现城区高质量可持续发展为目标，提供以产业开发为核心的基础设施、公共服务设施和城市运营等综合服务，政府和社会资本建立长期合作关系，社会资本承担主要投资、建设、运营和管理责任，投资回报与产业新城开发绩效挂钩的创新性 PPP 模式。

（一）模式特点

（1）综合开发。通过受让政府土地，在特定范围内，投资开发产业园区，包括区域高端医疗、教育、文化、商务、商业、居住等城市设施，为政府打造一个高端的城市文化、城市品位、城市形象和城市环境新城区。

（2）自我造血。开发性 PPP 模式是通过招商引资，创造更多财政收入，实现开发区内部的财政收支平衡。开发性 PPP 是以合作区域未来新增财政收入回报社会资本，财政有增量，社会资本才能有回报。

（3）激励相容。打造城区高质量发展是政府和社会资本的共同目标。"绩效付费、长期运营、综合开发"的制度设计使政府和社会资本的目标趋于一致，形成了激励相容。

（4）长期运营。开发性 PPP 从开始投入到最终协议履行完毕，整个过程当中十几年甚至几十年的时间都一直是企业在运营，企业承担了风险的同时也获得相应的长期的回报。

（二）运作机制

在开发性 PPP 市场化运作机制下，公司与政府各司其职，政府是城区开发建设的决策者，设立园区管委会对企业的基建业务实施监管和服务。企业作为投资开发主体，设立项目公司，为产业新城提供规划设计、土地整理、基础设施配套建设、产业发展与城市运营服务。其中，产业发展服务包括公司在委托区域范围内进行的产业定位规划、产业升级、城市规划、招商引资、投资服务等。

（三）收入及盈利模式

产业新城开发性 PPP 模式的收入来源见表 1。

表 1　华夏幸福产业新城开发性 PPP 模式收入构成

项目	收入来源	收入构成	结算方式
规划设计与咨询等	地方政府	服务成本和服务收益	协议收取服务成本的 110%
土地整理	地方政府	土地整理投资成本和土地整理投资收益	协议收取土地整理投资成本的 115%
基础设施、公共设施建设项目	地方政府	建设成本和投资收益	协议收取建设项目的总投资额的 115%
产业发展	地方政府	当年产业发展服务费的总额	协议收取合作区域内入区项目当年新增落地投资额的 45%（不含销售配套类住宅项目）
城市运营等	地方政府	支付服务费用	协议收取国家定价＋市场价确定

资料来源：作者依据华夏幸福 2020 年报整理。

注：收费来源依照"谁投资，谁受益"原则，地方政府承诺将合作区域内所有新产生的收入，按国家规定缴纳至地方财政后，剩余部分纳入地方财政预算支出管理，通过预算支出，支付公司服务费用。合作区域内新产生的收入，主要包括个人与单位税收收入（原有企业原址产生的税收收入除外）、土地使用权出让收入、其他非税收入、专项收入和专项基金。

华夏幸福 2020 年报说，产业新城开发业务受到各地政府的广泛欢迎，市场潜力可期。

四、华夏幸福产业新城何去何从

2020 年 7 月，华夏幸福的股价开始下跌，但刘先生仍自信地认为：股价会像之前一样回涨的，产业新城 PPP 模式是有益于社会发展的，相信政府不会坐视不管。然而华夏幸福股价的"跌跌不休"却与他的乐观形成了鲜明的反差。公司究竟出了什么问题？2020 年报披露："公司出现主营业务回款放缓、融资困难，发生部分债务未能如期偿还。债务逾期反过来对公司融资产生较大影响，也对公司经营产生一定影响。"他开始意识到华夏幸福出现了严重危机。

（一）从华夏幸福主要财务指标看公司经营问题

本文根据财务危机指标分析法，选取华夏幸福自 2011 年上市以来至 2020 年的资产负债率、有息负债率、流动比率、速动比率、应收账款（含应收票据）周转率和存货周转率进行描述，以观察华夏幸福的偿债能力情况（见表 2）。

表 2　近年华夏幸福主要财务比率指标

年份	资产负债率/%	有息负债率/%	流动比率/%	速动比率/%	应收账款（含应收票据）周转率/次	存货周转率/次
2011	85.46	11.12	1.25	0.28	46.50	0.44
2014	84.74	34.01	1.27	0.35	7.81	0.26
2017	81.10	36.76	1.53	0.52	4.20	0.16
2020	81.29	52.78	1.54	0.92	1.84	0.27

资料来源：东方财富 choice 金融终端数据库（2022 年 12 月 30 日）。

（1）资产负债率。从近些年数据来看，债务融资是华夏幸福的主要资金来源。资产负债率超过 80%，有息负债率数据从 2011 年以来呈现上升的趋势。

（2）流动比率和速动比率。根据表 2 数据，华夏幸福的流动比率小于 2%，速动比率小于 1%，反映企业的短期偿债风险较大。

（3）应收账款周转率。根据表 2 数据，华夏幸福的应收账款周转率指标有逐年下降的趋势，2020 年的 1.84 次远低于行业的平均值 13.1 次。

（4）存货周转率。根据表 2 数据，华夏幸福的存货周转率低于行业均值。华夏幸福主业是产业新城的开发，存货主要表现为从政府手中购买的土地和在土地上构建的房屋等①。

（二）华夏幸福主要负债情况

刘先生的投资失败是源于他对华夏幸福的判断过于自信。此前他盈利的同类型股票都是短期持有，小赚一笔即出仓，但此次入股华夏幸福，刘先生却选择长期持有，他认为公司将为其带来持续性的收益。其实早在刘先生入股之前，华夏幸福的财务指标就出现异常，但股票价格波动的干扰因素太多，迷惑了刘先生的投资判断。

华夏幸福上市以来，经过近 10 年的高速扩张，经过多次债务融资，负债从 235 余亿到 3973 余亿。从华夏幸福的负债结构看，华夏幸福的短期负债、应付账款及票据、预收账款及合同负债、长期借款相加超过总负债的 80%，债务结构见表 3。

表 3　近年来华夏幸福主要负债结构表　　　　单位：亿元

年份	短期负债	应付账款及票据	预收账款及合同负债	其他应付款	长期借款	应付债券	负债合计
2011	2.89	8.16	169.65	13.20	9.29	—	235.71
2014	79.38	138.90	439.80	32.58	94.89	—	965.68
2017	68.46	338.89	1324.76	179.10	370.74	389.67	3048.46
2020	276.43	575.41	978.08	174.49	644.03	464.75	3973.32

资料来源：东方财富 choice 金融终端数据库（2022 年 12 月 30 日）。

（三）华夏幸福应收账款及存货情况

近十年，随着产业新城规模扩大，存货和应收账款呈上升趋势，2020

---

① 根据国务院国资委披露的《企业绩效评价标准值》，房地产行业 2015—2017 年的存货周转率行业均值（次）分别为 0.5、0.5 和 0.6。

年两项指标合计约90%。尤其是存货占流动资产超过60%，华夏幸福的主要流动资产情况见表4。

表4 近年华夏幸福主要流动资产 单位：亿元

年份	货币资金	应收账款及票据	其他应收款	存货	流动资产合计
2011	35.74	3.06	6.60	206.65	267.12
2014	161.94	51.37	9.47	783.16	1076.72
2017	681.05	189.10	111.09	2297.94	3484.86
2020	269.93	631.42	213.33	1792.25	4410.95

资料来源：东方财富choice金融终端数据库（2022年12月30日）。

（四）华夏幸福现金流指标

2011年华夏幸福上市以来，除2018年外，华夏幸福筹资活动现金流全部为净流入，2016年向社会机构增发募集资金69亿元，其余时间主要依靠借款、债券等融资工具融资；经营活动净现金流状况，除2015和2016年表现为现金净流入外，其余年份经营活动皆为现金净流出，尤其近两年经营现金流大幅净流出；投资活动也一直保持现金净流出；2018至2020年经营活动现金净额分别为-74.28、-318.19和-231.60亿元，见表5。

表5 近年华夏幸福现金流量净额 单位：亿元

年份	经营活动产生的现金流量净额	投资活动产生的现金流量净额	筹资活动产生的现金流量净额
2011	2.41	-7.55	13.35
2014	-49.54	-27.28	120.55
2017	-162.28	-200.30	570.98
2018	-74.28	-50.17	-64.90
2019	-318.19	13.49	259.19
2020	-231.60	-48.83	128.44

资料来源：东方财富choice金融终端数据库（2022年12月30日）。

五、华夏幸福产业新城开发性 PPP 项目主体

（一）华夏幸福产业新城开发性 PPP 项目

刘先生在选择华夏幸福之前，也做了许多功课，但他毕竟是业余投资者，看事情仅停留于表面。他没有深入分析产业发展趋势与政策，同时也只看到了华夏幸福取得的辉煌成就，投资不仅看过去更要看未来。过去虽好，其真能久乎？

华夏幸福是我国较早进入 PPP 项目的企业之一，在 2002 年，公司与河北固安县政府达成协议，成立三浦威特园区建设发展有限公司（为 SPV，即特殊目的公司），开发固安工业园区，开启产业新城事业；2015 年，固安 PPP 模式得到国务院通报表扬，固安工业园区产业新城项目入选国家发改委 PPP 项目典型案例。根据公司 2020 年报披露："都市圈成为区域发展战略重要一环，是未来一段时期中国城镇化的主要形态。加快发展和培育都市圈，是区域经济一体化的切入点和突破口。"

公司产业新城开发性 PPP 项目，密集布局长三角都市圈，加快布局粤港澳都市圈。

（二）华夏幸福产业新城开发性 PPP 项目主体公司

华夏幸福产业新城项目成立的项目主体公司基本是全资子公司（见表6）。

表 6 华夏幸福产业新城开发性 PPP 模式成立的项目主体公司情况

项目主体公司名称	主要业务	权益比例/%
舒城鼎兴园区建设发展有限公司	园区投资开发与管理	100
嘉兴鼎泰园区建设发展有限公司	园区投资开发与管理	100
新郑鼎泰园区建设发展有限公司	园区投资开发与管理	100
固安九通新盛园区建设发展有限公司	园区投资开发与管理	100
怀来鼎兴投资开发有限公司	园区投资开发与管理	100
廊坊京御房地产开发有限公司	房地产开发	100
大厂华夏幸福基业房地产开发有限公司	房地产开发	100

表6(续)

项目主体公司名称	主要业务	权益比例/%
嘉兴孔雀城房地产开发有限公司	房地产开发	100
涿州致远房地产开发有限公司	房地产开发	100
北京永济恒业房地产开发有限公司	房地产开发	70

资料来源：作者根据 2020 年报第 51 页整理。

（三）华夏幸福产业新城开发性 PPP 主要融资情况

华夏幸福在全国布局产业新城项目主要融资依靠银行借款、信托借款、发行债券和股权融资，从华夏幸福 2020 年报第 106—110 页和 134 页看，华夏幸福债务融资利率最高达 9%，最低 4.05%。

六、华夏幸福财务危机的化解

（一）华夏幸福财务危机的现实选择

刘先生面对华夏幸福暴跌的股价愁眉不展，此时他和大多数投资者一样，对于这种突如其来的崩塌不知所措。曾经华夏幸福产业新城开发性 PPP 模式的忠实支持者，现在也只能求助于李教授、张经理，寻找问题的根源和答案……

2021 年 12 月 28 日，华夏幸福公布了债务重组计划。其主要内容为："通过出售变现能力强的资产回笼资金约 500 亿元；通过债务期限展期，推迟清偿约 352 亿元；出售资产回笼资金中约 570 亿元用于兑付金融债务；通过'抵'，即以持有物业为抵押设立资产信托，化解约 220 亿元债务；通过'接'，即由华夏幸福承接剩余约 550 亿元金融债务等措施化解债务危机。"①

---

① 上海证券交易所. 华夏幸福基业股份有限公司关于实施债务重组的公告 [EB/OL].［2022 −10−27］. http://static.sse.com.cn//disclosure/listedinfo/announcement/c/new/2021−12−28/600340_ 20211228_2_rSy0ek9l.pdf.

(二）华夏幸福财务危机化解出路探索

华夏幸福产业新城开发性 PPP 模式，投资、建设、运营的产业新城，是一项提供基础设施建设和公共产品的"综合性工程"，产业新城兼有社会价值和经济价值。华夏幸福与地方政府签订的协议条款，合作双方在责任和利益方面要均衡。

化解财务危机有两条建议：一、产业新城 PPP 的盈利模式应该设置最低收益阈值，比如当公司产业新城净现值收益下降至项目投资收益阈值时，华夏幸福应当享有地方财政补偿机制。即华夏幸福依据第三方审计机构对产业新城收益的专项审计，申请地方政府为公司提供公共产品服务进行财政兜底补贴。二、产业新城开发设立的 SPV 要吸收地方政府和社会第三方资本入股，成立有限责任公司，而不是目前的全资公司。

SPV 公司在产业新城建设运营期，投资大回收慢，但一旦形成区域聚集的品牌效应，资产的变现能力会增强，因此可以积极申请国家基础设施公募 REITs[①] 产品发行并上市，解决投融资期限错配的问题，而非一味债券融资。

七、结尾

刘先生听取了两位专业人士的意见之后，大致明白了为什么自己会投资失败，也了解到华夏幸福陷入困境的原因，他准备再向其董事会寄出邮件。作为一名股东，他有权了解公司未来的发展情况。刘先生手中的华夏幸福股票，也同华夏幸福公司的命运一样，仍不知何去何从……

---

① 房地产投资信托基金（real estate investment trusts），简称 REITs。

【启发思考题】

1. 华夏幸福产业新城开发性 PPP 模式有何特点？其模式可以复制吗？

2. 华夏幸福产业新城开发性 PPP 模式取得了哪些成绩？目前面临哪些挑战？

3. 华夏幸福开发性 PPP 项目运作有何特点？其特殊目的公司（SPV）资本结构如何设计？

4. 你对华夏幸福公司走出困境有何建议？你对刘先生如何处理手中的华夏幸福股票有何建议？

破晓而生，乘风前行：
"设备仪器贷"的产品创新之路①

　　本案例适用于公司金融等课程。作为最具活力、最具潜力、最具成长性的创新群体，科技型中小企业已成为我国在经济转型阶段培育发展新动能的重要载体。党的二十大报告提出："支持中小微企业发展""支持专精特新企业发展""营造有利于科技型中小微企业成长的良好环境"。而"设备仪器贷"的诞生和发展正体现了对科技型中小企业发展的强力支持，有效缓解了其贷款难题，使科技型中小企业的创新活力进一步得以释放。本案例研究以 F 公司贷款困境为出发点，讲述了设备仪器贷的发展历程，分析了新型科技金融产品发挥的作用，探讨新型科技金融产品规范化发展的途径。

一、引言

　　2022 年 7 月 12 日下午，闷热多云，苏董——F 公司董事长正对着办公桌上的公司财务报表发愁。公司主营业务为特种机器人研制，因此需要大量高价值的高端仪器设备。公司虽拥有较多的知识产权，但是有形资产较

---

　　① 本案例由西南科技大学经济管理学院陈丽娜、廖传惠、吴桂蓉、马晓艳、王选正共同撰写，案例版权属西南科技大学所有。由于企业保密的要求，本案例对有关名称、数据等做了必要的掩饰性处理。本案例创作于 2023 年 5 月，案例中数据和信息均截至该时间点。本案例只供课堂讨论之用，并无意暗示或说明某种管理行为是否有效。

少，很难通过固定资产抵押的方式获得贷款，大量设备的购置资金让 F 公司目前脆弱的资金链雪上加霜。苏董正为眼前的难题感到头疼时，"叮"的一声，手机上弹出一则新闻，一行大字映入眼帘："国内首创设备仪器贷上线，打开您的贷款之门。"这不正是瞌睡遇到枕头吗？苏董不假思索地点开了新闻，原来 M 市正通过以设备仪器共享共用为切入点提供金融服务，"解锁"更多科技型中小企业融资路径。这一服务的出现犹如雪中送炭，让眉头紧锁了一下午的苏董在这个闷热的午后终于感觉到了一丝凉意，企业的一线生机可能就在这条新闻中，但设备仪器贷需要啥条件？具体如何操作呢？带着种种疑惑，苏董打开了电脑，开始搜索"设备仪器贷"……

二、无米难为炊——F 公司"寻资无门"

（一）F 公司简介

2012 年，F 公司在国内一所知名大学机器人团队的基础上正式组建，其董事长苏董曾是该大学最年轻的讲师之一。在 M 市高新区，F 公司扎下根，专职设计制造各种机器人。在苏董的带领下，公司从零开始，仅用了一年时间，就达到了 3000 万元的产值。功夫不负有心人，截至 2022 年底，公司成为 M 市唯一一家以自主研制机器人作为主营业务的民营高科技企业，其业务范围涵盖了非标自动化设备、仪器仪表以及特种机器人等产品的设计、研发和生产，并提供相关技术服务。同时，F 公司也是西南地区能提供全面智能制造系统解决方案，具备光机电软一体化研制能力的系统集成商之一。目前，每十块家用燃气表就有三块是在 F 公司的生产线完成的。在医疗行业、原材料生产行业、食品加工行业，也都有 F 公司产品的身影。

目前，中国从事工业机器人生产的企业中，拥有核心和原创性技术的并不多见。许多厂商的关键核心技术和零配件仍依赖国外进口。F 公司十分重视"创新"，硬件、软件都是由公司自主研发，这是长远发展的动力和竞争力。苏董不忘初心："致力于打造中国知名的机器人品牌。"对于公司的未来,他说:"我们的目标是拥抱全新的人工智能时代,让机器人进入生活的每一个领域。目前,我们正脚踏实地往这方面努力,先把产品做好、做优,逐步让全国乃至世界都知道我们。"

(二) F 公司资金压力大

F 公司以生产机器人和零部件及其周边自动化设备的研发、生产、销售与提供相关技术服务等作为主营业务,利润主要来源于机器人和谐波减速机两大产品。2018 年我国机器人生产企业积极扩大产能,市场竞争加剧,F 公司由于市场份额被挤占,营业收入有所下滑。经过公司的不懈努力,公司研发的机器人核心零部件"谐波减速机"在很大程度上解决了机器人的"卡脖子"技术,该产品已经在国产品牌中占据了第一梯队的行业地位,使得公司营业收入稳步增长。

作为一家以技术创新为核心竞争力的科技型中小企业,在 F 公司发展过程中,员工的工资待遇通过期权的方式得以充分解决,而购买专业的设备仪器成为公司最主要的硬支出。但缺乏仪器设备意味着直接掐断了公司研发的竞争力生命线。

苏董看着办公桌上的财务报表,目光久久停留在固定资产统计这一栏目上。公司对仪器设备的需求是刚性的,但购买这样的设备需要大量的资金投入。2018—2022 年,公司发展较快,拥有的固定资产也逐年快速增长,尤其是 2022 年增长率更是高达 40.5%。其购买资金来源已经成为苏董目前工作中的头等大事。如何筹钱?向银行贷款,较高的利息成本对 F 公司这一民营科技型中小企业来说犹如一座大山,压得他喘不过气来。更何况经济形势变幻莫测,作为一个科技型中小企业,公司发展前景难以预测,银行出于风险考虑,经常拒贷。苏董想尽千方百计,通过各种途径才低价获取了电磁兼容仪器设备,但对使用频繁、使用量巨大的三坐标测量等基础设备,仍然需要公司自行采购。公司每年在购买设备仪器上需要花费的大量资金已经成为创新发展道路上的主要阻碍。

同时,经营难度的不断增加以及生产成本的居高不下导致 F 公司 2018—2022 年净利润降为负。科研人员本身是 F 公司最大的财富,但利润的降低导致期权的吸引力大大下降,对技术人才的吸引力不足、人才流失严重进一步阻碍了公司规模的扩张，加剧了设备购买困境，更无法满足研发和生产制造所需。

想到这里，苏董立刻做出了一个决定，在电脑前"哒哒哒"一阵操作，然后拿起电话，直接拨通了刚才查到的新闻里的仪器共享平台运营公司电话。

2022 年 7 月 13 日一大早，仪器共享平台运营公司负责人顾总刚走进 F 公司董事长办公室，还没来得及喝上一口茶，苏董就迫不及待地询问道："最近您那里是不是新推出了一个和购买仪器设备有关的融资产品，不知道我们公司可不可以申请这一笔贷款？如果我们申请，需要如何操作，准备些啥材料啊？"这一通问题问得顾总都愣了一下，他马上反应过来，边从包里掏出资料，边笑着回答道："苏董说的是设备仪器贷吧，您先别着急，我今天就是专门来给您介绍这款融资产品的。"

三、夜来南风起——设备仪器贷"应运而生"

（一）设备仪器贷的诞生

"M 市作为中国的'科技城'，于 2011 年获批成为全国第一批促进科技和金融结合试点城市。试点工作开展以来，M 市科技金融工作进入快速通道，通过出台政策、搭建平台、增加财政投入等一系列措施，科技金融工作取得了一定的成果。针对科技型中小企业，M 市也有过多种科技金融服务方式创新，比如纯信用、无抵押、抱团担保或者政府风险资金池兜底等等，但科技型中小企业轻资产、无抵押，具有难以获贷的天然痛点。随着 M 市不断降低企业抵押和授信门槛，我们开始思考是否可以采用以企业需求为前提，从资金用途方面提供更精准的金融支持。这一思路旨在帮助企业购置其研发和生产所需的仪器设备，进而催生了设备仪器贷。

"设备仪器贷依托 R 大型科学仪器共享平台，通过政府、企业和银行的三方合作，建立起仪器资源持有方和需求方之间的桥梁，这款融资产品集合了仪器共享方、检测服务方、科技金融机构多方资源，针对科技型中小企业所面临的高知识、高技术、轻资产，难以获贷的'痛点'，实现精准对接，切实为科技型中小企业仪器设备购买提供专项融资服务，具有'时效快、期限长、利率低、无抵押'的特点，进一步拓宽了金融服务实体经济的渠道，有效扩大了金融'活水'流量，为科技型中小企业的科技资源共享和成果转移转化提供了强有力的支持。"

（二）设备仪器贷概况

听完介绍后，苏董继续追问道："设备仪器贷对企业来说，和其他信贷产品对比有什么区别呢?"

顾总理了理思路，有条不紊地回答道："传统的信贷产品不仅借贷利率较高、审批效率较低、贷款期限一般为中短期，而且还需要企业用相应的资产作为抵押物，这些限制条件都会使得科技型中小企业陷入融资困境。和传统的企业贷款相比，设备仪器贷最大的区别是不再纠结于企业抵押物和资产状况的问题，而是采取一种更具前瞻性的方式。通过"地方政府+三方平台"的联合增信[①]和兜底保障，银行可以提供低息贷款，直接瞄准企业购置仪器设备、改善创新条件等特殊需求，提供纯信用贷款资金支持。更为重要的是，所有通过贷款购置的仪器设备都应进入仪器共享平台进行市场化开放和共享。这样的模式不仅为企业提供了便捷的融资渠道，还有助于推动科技创新和资源共享。"

所以，设备仪器贷的主要特点可以归纳以下几点：第一是通过政府和平台的合作，以风险共担的方式为企业贷款提供信用担保，有效降低企业获取贷款的门槛；第二是贷款资金专款专用，确保款项仅用于企业购置仪器设备，保证资金使用的透明度和合规性；第三是贷款无需抵押物，直接利用大数据进行信用评估，实现纯信用方式放款，简化贷款流程；第四是贷款价格优惠，享受普惠利率，有利于企业降低贷款成本；第五是贷款期限较长，最长可达 3 年，远超过一般信用贷款的 1 年期限，可以满足企业不同发展阶段的资金需求；第六是贷款手续审批高效，所有审批流程均可在 M 市完成，简化环节，提高审批速度；第七是实现购后共享，所有通过

---

① 增信是指"增加或提升信用等级"。增信的主要目的是帮助信用等级较低的企业或个人获得融资，同时为债券投资者提供多重担保，减少违约风险。

本贷款资金购置的仪器设备将进入 R 大型科学仪器共享平台进行开放共享，有效提高资源利用效率。

顾总继续补充道："设备仪器贷在企业设备共享共用、增信方式创新以及还贷模式上都是全国首创。该贷款模式从过去的单一"政府+金融机构"演变为"政府+银行+平台"新型科技金融服务产品，充分发挥了政府资金的撬动作用，同时提升了公共服务平台的运营能力。目前，设备仪器贷由中国工商银行 M 市分行提供低利率纯信用贷款，M 市财政局建立风险池为企业增信兜底，R 大型科学仪器共享平台提供全链条仪器共享服务。这主要是针对科技型中小企业在购置仪器设备方面缺乏抵押物的痛点，搭建的风险共担机制。在这个机制中，政府、平台和银行三方按照风险共担的原则建立'风险池'，按照 10 倍比例放大增信，从而帮助企业更容易地获得贷款。同时，充分利用仪器共享平台的企业信息。企业依托仪器共享服务平台定向推荐使用仪器设备，并签订仪器设备抵押合同和获优先处置协议，确保设备在闲置时可以被再次使用。如果发生风险，这些仪器设备可进行市场化利用或处置，实现信息无阻互通和仪器设备科学评估，通过企业入库、资料提交、风险评估和融资落地，形成了一个完整的服务生态圈。该生态圈能够第一时间满足科技型中小企业购置技术创新、产品研发或扩大产能所需的仪器设备，并提供全信用、无抵押、期限长、价格低的融资服务，这种模式实现了多方协同支持企业的研发创新。"

听完顾总的介绍，苏董也顾不得那么多了，埋头仔细阅读顾总给的材料，口里还振振有词地不断念叨着："好产品，好产品啊！顾总，这个产品您可以给我挂个号，推荐一下啊！"

四、潮平两岸阔——设备仪器贷"担负重任"

（一）F 公司获得设备仪器贷

设备仪器贷推出的第一时间，F 公司就与工商银行 M 市分行签订了首批《科技型（军民融合）企业"设备仪器贷"贷款协议》。作为首批"吃螃蟹"者，F 公司以科技型中小企业身份从工商银行 M 市分行获得一笔

100 万元的 3 年期无抵押信用贷款，年利率只需 4.5%，资金将全部用于购买三坐标测量仪等基础设备，有效解决了企业购买大量基础设备的资金负担，现如今 F 公司再不用担心由于资金不足所导致的产能不足、创新不足等问题再次发生。

（二）设备仪器贷的发展与推广

在 F 公司申请设备仪器贷获得审批后，苏董特地来到仪器共享平台运营公司感谢顾总的大力帮助，并进一步了解了设备仪器贷的发展情况。

顾总告诉苏董，M 市深入推进国家科技和金融结合试点，在全市开展"拨、贷、投、保、贴"等科技金融联动工作，推广"高企贷""天府科创贷""设备仪器贷"产品。设备仪器贷作为全国首创的特色信贷产品，于 2020 年入选国务院第三批全创改革经验，在全国进行推广。同时，2021 年底"设备仪器贷"还纳入了《金融支持科创企业全生命周期发展十条措施（试行）》科创金融特色产品。"设备仪器贷"在全国得以推广，因此，R 大型科学仪器共享平台先后与工商银行 M 市分行、M 市商业银行、M 市农商行等形成合作，累计放款 2.148 亿，为 M 市成功获批建设国家创新型城市贡献了自己的力量。

五、满园深浅色——科技金融产品"创新助力"

顾总又说道："其实全国各地都在大力推出属于自己的本土科技金融产品，响应国家政策的号召，我们这些产品也只是沧海一粟。"

近年来，全国各地政府部门积极主动联合相关银行，探索科技金融服务新模式，针对特定企业的发展融资需求，不断推出各类科技金融产品和有效的信贷融资政策，着力为科技型中小企业化解融资难、融资贵等难题，助力科技型中小企业高质量发展。部分科技金融产品汇总如表 1 所示。

表 1　部分科技金融产品汇总

科技金融产品名称	主要内容
央行科创贷	建立再贷款资金与试验区科技创新型小微企业信贷担保精准对接机制，强化对金融机构服务科创企业的资金支持，引导降低科创企业融资成本
上海科创助力贷	中国建设银行上海市分行借助政府、大学生基金会增信，为处于初创期的科技型小微企业提供的无抵押的流动资金贷款，贷款利率比其他小微信用类贷款利率低 1%~2%
天府科创贷	针对科技企业"投入大、周期长、轻资产、无抵押"的发展特点，以"一优一补"的方式，双管齐下降低科技企业融资成本
江西科贷通	政府科技主管部门通过设立风险补偿资金，引导银行为科技型中小企业提供低抵押或无抵押、低利率贷款，主要用于企业购买原材料等正常生产经营投入，支持企业科技成果转化，推进科技型企业梯次培育行动的科技贷款
徽行设备购置贷	徽商银行向市内企业发放的专门用于借款企业单纯购置与生产经营有关设备仪器的人民币贷款，贷款金额最高不超过所购置设备资产交易价格或评估价值的 75%，以二者较低额为准

苏董疑惑了："这么多的科技金融产品如雨后春笋一般涌现，会不会加大市场管理难度，带来风险？"

顾总耐心地解释道："加大科技金融产品创新力度对于拓宽科技型中小企业融资渠道，扩大我国金融市场规模，促进经济稳健发展具有重要的现实意义。但目前我国对科技金融产品市场的监管还不到位，依然存在监管空白，科技金融产品的买卖双方都会存在无法按时履约的可能性。加之各种各样的科技金融产品背后有着不同的业务规则，伴随着利率和汇率的不断变化，科技金融产品的价格也会发生不利波动，从而带来一定的风险。"

"科技金融产品创新会带来这么多的风险，我们这些科技型中小企业能承担得了吗？"苏董追问道。

听完苏董的疑惑，顾总笑了笑："其实不必过于担心，总的来说科技金融产品创新是利大于弊的。现在国家也在大力倡导发展科技型中小企业，增加创新力度，这些科技金融产品不断地推陈出新正是国家政策扶持、法律法规支持的体现。目前相关监管部门也在不断完善市场信息披露制度、产品信用评级制度，这些举措提高了市场准入门槛，加强了事前、事中、事后全方位监管力度，都有利于促进科技型中小企业的发展，维护金融市场的稳定。"

六、尾声

夏日里透过落地窗的那缕和煦的阳光，照亮了苏董的脸庞，也温暖了苏董的心，离开顾总办公室时，他紧紧拉着顾总的手说："对于F公司而言，设备仪器贷的出现，在资金紧缺时犹如雪中送炭，在资金充裕时犹如锦上添花，相信在政府和银行双重保驾护航下、在政企银三方紧密合作下，设备仪器贷定能乘风前行！"

【启发思考题】

1. 结合F公司资金压力大这一事件，分析我国科技型中小企业为什么会出现募资难题。

2. 结合设备仪器贷的特点，分析为什么要推出设备仪器贷。

3. 设备仪器贷为中小型科技企业提供了哪些帮助？

4. 科技金融产品创新存在哪些风险？

5. 科技金融产品不断推陈出新，该如何对其加以规范发展？

珠联璧合，如虎添翼：
基于互联网的魔芋供应链整合之路[①]

本案例适用于供应链管理等课程。案例借助中国网库魔芋园网（以下简称"魔芋网"）积极融入互联网的故事，探索了传统行业在不同发展阶段应当如何利用互联网才能更有效整合供应链资源。首先，案例介绍了魔芋网的发展历程以及行业现状，引导学习者思考供应链整合对整个魔芋产业运营业绩的意义与作用。其次，案例讲述了在大数据背景和"互联网+企业"模式的双因素驱动下，魔芋网利用行业领域大量数据信息有效整合供应链资源，解决魔芋原材料短缺和销售瓶颈等难题，弥补传统供应链模式"信息孤岛"对企业发展的阻碍，重构供应链价值格局，使收购、销售等环节成长为具有核心竞争力的供应链关键节点。最后，案例通过陈总在年底总结大会上对魔芋供应链资源整合推动企业步步高升的情节描述，提及魔芋网的现存障碍与发展前景，引导学员思考类似魔芋网的由传统行业与互联网结合转型而来的公司应该如何主动出击突破重重障碍进行有效供应链整合与管理。

---

① 本案例由西南科技大学经济管理学院何晓兰、张斌，北京网库信息技术股份有限公司、中国魔芋电子商务产业基地总经理陈兴林共同撰写，经中国管理案例共享中心授权使用。由于企业保密的要求，本案例对有关名称、数据等做了必要的掩饰性处理。本案例创作于2017年10月，案例中数据和信息均截至该时间点。本案例只供课堂讨论之用，并无意暗示或说明某种管理行为是否有效。

一、引言

安州魔芋网总经理陈兴林前脚刚踏进公司大门，秘书小王就火急火燎地跑了过来："陈总，销售部李部长已经等您很久了，说是公司销售业绩已经连续两个月呈下滑颓势了，一个劲地说要向您负荆请罪呢！"

其实，陈总早已注意到了目前线下销售经营方式可能无法适应市场变化的事实，没想到危机居然来得这么快。而李部长的"负荆请罪"已经说明公司销售模式确实遇到了瓶颈。

二、行业背景

中国是世界魔芋种植和初加工出口第一大国，魔芋主产区主要包括中国云贵川渝地区及邻近的湖北、陕西等地，尤以四川省绵阳安州区为最。在中国传统魔芋产业供应链中，种植与收获是提供原材料的环节，主要由农户或农业合作社承担。由于新鲜魔芋易腐，必须进行及时初加工处理，因此，魔芋初加工一般由种植区附近魔芋收购企业负责（进行简单的烘干、切片、研磨和成型）；而魔芋精深加工所需技术较为复杂，具有精深加工技术实力的企业成为传统魔芋产业供应链的关键节点。

三、公司背景

中国网库魔芋园网是中国网库在魔芋之乡安州区成立的一家专业运营魔芋产业的互联网公司，旗下电子商务交易平台——魔芋网，在县域特色产业经济基础上，依托中国网库760万优质会员，汇集了政府、企业、服务商平台，聚合了全国魔芋产业种植、采购、销售及技术研发等信息资源，以实现对魔芋产业链的信息整合。魔芋网建立了全国集魔芋产业数据采集、信息发布、网上交易、线下资源整合为一体的第三方电子商务在线生态圈。

（一）魔芋网的初创期

绵阳安州区（即原来的安县）在历史上盛产魔芋，成规模种植与加工始于 20 世纪 80 年代初，当时的安县每年芋角生产和收购均在 2000～3000 吨。魔芋精粉加工和销量占全国销售总量的 25%～30%，产品销往国内以及日本、韩国和欧美各类市场，在国内外享有极大盛誉和极高的行业地位。2013 年，安县魔芋成功申报为中国国家地理标志保护产品，安县地理优势及其注入的文化使得安县魔芋产业发展呈现如日中天态势，极大地拉动了安县经济增长。可惜这些安州人曾经引以为傲的成就现在却只是过往云烟，曾经的"魔芋之乡"发展显现出颓势。看到安州区昔日璀璨的魔芋产业惨遭滑铁卢，从事魔芋行业的父老乡亲收入大幅锐减，返乡创业的年轻人陈兴林感到十分不甘心，满腔热血的他发誓一定要重塑安州区魔芋产业地位。在家人朋友的赞助下，他创建了一家名为"魔芋网"的企业，正式走上了经商之路。

（二）魔芋产业发展面临挑战

近年来，安州区经济体量增大，可是安州区魔芋种植规模、加工企业数量却不升反降，魔芋产区面积逐年萎缩，最低时甚至低于一万亩，收入锐减了 7 成左右；与此同时，其他产区影响力却逐年上升，如云南富源县魔芋产区已增长到近十万亩，产值过亿，已然成为云南重点支柱产业。安州区地理标志产品在"内忧外患"中逐渐失去了竞争优势，陷入低谷。

魔芋网在创建之初属于传统平台型企业，即通过线下方式整合魔芋产业供应链。传统魔芋供应链节点包括种植与收获、初加工、精深加工、终端产品再生产以及消费市场这五个环节；整个魔芋产业供应链中各个环节各自为政、相关性很弱，甚至有企业为了实现自身利益最大化而忽视整体利益，也正是这些因素导致了供应链各节点运作不同步、供应不足、产品过剩等不协调现象。另外，安州区现在种植不上规模，不能实现魔芋规模经济，再加上部分地方有限售令（魔芋原材料必须首先供应当地加工企业）等因素阻碍，在安州区经营了几个月后，魔芋网仍然收入甚微，高投入的成本和不甚乐观的收益显然不成正比，"魔芋网"发展停滞不前。

四、魔芋网供应链整合"两步走"

（一）第一步：整合上游资源

1. 线下模式，经营困难重重

整理思路后，陈总发现魔芋产业发展受到阻碍的主要原因在于：魔芋种植规模和需求量严重脱节。据初步估计，魔芋种植规模应当达到10万亩以上，新鲜魔芋产量达60万吨，才可满足目前市场需求；但现有销售渠道还不通畅，销售量只达到了预计6成左右；魔芋高价值没有被广大消费者熟知，魔芋没有广阔市场。魔芋网对这条漏洞百出的魔芋产业供应链显得束手无策。

就在这时，手机上一条淘宝的推送弹了出来，这让陈总猛地一惊，如醍醐灌顶："电商！"就目前情况而言，魔芋网这种线下商业模式已经显现出了很大弊端，要是借助互联网这一平台，通过信息交流把魔芋的供应和需求结合起来，实现资源共享，就能使魔芋供应链各个节点更好地衔接。但问题是应该如何利用互联网实现魔芋供应链资源的整合呢？

2. 挂靠网库，转型首战告捷

魔芋网就此转型为中国网库魔芋园网。转型后的魔芋网，汇集政府、企业、服务商于一个平台，聚合了全国魔芋产业种植、采购、加工、销售及技术研发的信息资源，从而实现对魔芋产业链信息的整合，建立了全国性魔芋产业数据采集、信息发布、网上交易、线下资源整合为一体的第三方电子商务在线生态圈。

转型后，传统线下平台升级为依托互联网的线上模式。经过近两个月的运作，魔芋网作为安州电子商务基地重点打造的产业平台，已经汇集了绵阳80%以上的魔芋企业，平台也通过"大数据开放""落地服务精细运作"和"实体企业深耕"三要素主攻电商平台运营，通过互联网整合魔芋产业资源，助力魔芋企业发展，优化魔芋供应链。目前已有注册会员300多个，潜在会员是已注册会员数量的5倍多。

3. 信息收集，整合上游资源

随着转型成功的喜悦慢慢散去，公司渐渐暴露出了新的问题。事实上，转型并没有给魔芋网带来巨大利润，反而使公司又面临了供求信息不对称导致的业务发展不畅难题。例如2016年7月某客户需求芋角数量30吨，但联系的种植户预计可销售量却只有不到20吨。面对这个刚刚转型又问题重重的公司，陈总显得有点手足无措，迷茫之际，他搜索了中国网库中其他同类型企业的状况，惊讶地发现魔芋网搜集处理数据的范围太小，需要更广范围信息来整合魔芋产业。公司转型后，供应链管理体制局限于绵阳地区，数据处理显得苍白无力，那么应当扩大供应链资源整合范围。经过公司全体员工一个多月的努力，"魔芋网"数据的收集和处理量已经由原来绵阳地区的80%扩大到了全国的80%，极大地扩大了企业经营范围，使企业业务量大幅度上升。通过数据来源的扩展，与全国生产基地建立了更广泛合作、获得了更多魔芋原材料信息，魔芋网基本解决了供应链源头供货问题。这种与上游资源的整合，不仅为魔芋网带来了经济上的可观收益，更坚定了公司员工的干劲和信念：线上模式一定能为魔芋产业带来更强劲的发展势头。

但是信息范围的扩大并不意味着对魔芋供应链有了巨大的改进，魔芋网究竟该如何对各个环节资源信息进行处理，继而整合供应链资源来实现安州魔芋产业效益最大化呢？陈总召集公司员工开始了头脑风暴。

销售部李部长率先发言："现在由于安州区本地种植业逐渐萎缩，初加工企业的原材料需要大量从外地购买。而地方贸易保护政策逐渐抬头，对从其他地区购进原材料也造成了很大的消极影响。例如，贵州魔芋行业规定，本地魔芋应当首先满足本地企业，剩余的再对外销售。没有充足原材料供应，安州区本地魔芋粗加工企业已由原来60多家锐减到现在的20多家。"

物流部白部长随声附和道："是啊，就是由于没有足够的初加工产品，安州区魔芋精粉加工企业的产量受到了很大的波及；原材料供不应求、采购成本上涨，而终端产品售价变动不大，也使得魔芋加工企业的加工量逐年减少，利润下滑，许多魔芋企业目前的处境比较艰难。"

"所以我们要改变这种尴尬形势，打通原材料供应的'任督二脉'，整合上游资源以拓展市场。"陈总坚定地说。

新提拔的财务部张部长接着说道："要解决上游渠道供求不协调的难题，我们首先要利用魔芋网电商平台精准对接魔芋种植、加工需求信息。在传统供应链模式下有这样两个问题：一方面，种植户不了解需求信息，担心鲜魔芋卖不出去，因此减少了种植面积，这也是种植规模一直上不去的主要原因；另一方面，加工企业因无法有效获取原材料信息，导致采购成本增加。信息沟通不畅的双重矛盾使得安州区种植户、加工企业数量减少，魔芋产业一蹶不振。现在，借助魔芋网这一电商平台，魔芋加工企业可以及时了解到本地乃至全国魔芋种植、收获数量和价格信息，减少采购不确定性带来的高成本问题；而对于农户担心的产品滞销问题，魔芋网可以通过其掌握的大量初加工企业和精加工企业信息，帮助供应链双方牵线搭桥，促进信息共享，尽量减少因鲜魔芋储存过久而损坏造成的经济损失。"

会议结束后，大家干劲十足地回到了工作岗位上，各司其职，都想着如何充分整合上游产业供应链。

（二）第二步：整合下游资源

1. 一波方定，下游难题又至

正当魔芋网整合上游渠道的工作进行得如火如荼时，公司又暴露出新的问题。

物流部白部长抱怨道："自从整合了上游渠道的资源后，现在整个产业链中原材料供应不足的问题有了极大改善，但是销售部员工好像不是很给力啊，常常完成不了销售任务，导致我们库房现在存货积压，极大占用库房面积不说，有些魔芋产品也由于放置太久过期而无法食用，这可就大大增加了公司成本啊！还有我们在终极产品销售这一环节也面临同样的困境，这些由深加工企业加工的终极产品根本无法大面积走入市场，产品的大量滞销引起了加工企业不断抱怨，这很有可能影响我们公司的信誉，而且肯定会因为成本过高而影响我们生产部业绩奖励！"

销售部李部长无奈叹气道："陈总，并非我们销售部无能才完成不了销售任务。现在原材料的供应问题解决了，产量突然暴涨，就算我们加班加点跑销售，联系加工厂家，也很难及时为那些囤积魔芋找到加工企业啊！说到终极消费品我们更是一肚子苦水了，市场上很多人都不知道魔芋的价值，我们销售部人数有限，销售已经忙不过来了，更别说出去宣传了！"

遇到了新的问题，需要再来一次畅所欲言的紧急会议。

会上，陈总说道："最近大家忙于上游渠道整合工作，毋庸置疑，取得了明显成效。但是，对于整个魔芋产业供应链来说，光有上游资源整合是不行的，现如今下游也暴露出许多问题。"

销售部李部长介绍了近一段时间销售工作面临的问题后，接着说："鉴于上游资源整合的成功，我们销售部也可以利用互联网对下游的大量数据进行处理和分析，变革原有的营销体制，积极整合下游产业的资源。在上游我们已经证实了这种网上交易方式是方便及时的，这样既可以降低费用和精力的消耗，又可以提高效率，而且我们公司自有库存就可以提供供应信息，还省下了很大一部分信息搜集成本呢！"

2. 信息收集，整合下游资源

物流部白部长接茬道："在传统供应链模式下，国内魔芋精粉市场较小，所以初加工企业既无法做到精粉的规模生产从而降低成本，又因不了解市场而不愿投入资金提升生产水平，因此传统工艺流程生产的精粉数量有限、质量不高，达不到进行深加工的数量和质量要求，更无法打通国外对高品质精粉的需求市场。所以整个魔芋产业的销售业务呈现死水微澜、缺乏活力的状态。目前，在信息技术的支撑下，一方面需要加大宣传魔芋在工业领域价值的力度，引起我国工业对魔芋精粉价值的重视，打开工业领域的销售市场，提升国内工业采用魔芋精粉进行深加工的需求空间，再者要引导消费者的习惯，增进大众对魔芋食品价值的了解，从而扩大国内需求市场；另一方面，还应该积极撮合各大科研院所与魔芋企业合作，研发新品、提升质量，打通国际销售渠道。"

肖部长补充说道："在农业电子商务发展崛起后，魔芋产品的销售可以依托我们的魔芋产品商务网站，做好及时的信息收集、沟通和产品的宣传，向供应链各级节点提供对接信息，向消费市场传递魔芋知识，引导消费习惯，从而促进魔芋产品向市场的多元化、国际化拓展。"面对肖部长的意见，在座各位纷纷点头表示同意。

3. 服务延伸，提供附加价值

秘书小王说："我认为为各企业提供其他各类附加服务也是个不错的选择。作为单品第三方平台，魔芋网在为供应链企业提供服务时，与协会的功能不尽相同。中国魔芋协会主要包括三方面服务与协调：种植、粗加工和深加工环节。而魔芋网是基于互联网组建的电商平台，因此，提供的服务范畴可以更为广泛。如，由于魔芋种植需要一定技术，因此，农户存在着一定栽种方面的疑虑。魔芋网可以针对这种高风险带来的市场不稳定性，计划延长产业链，提供农业专项保险、金融担保、物流服务和法律咨询服务等，取得农户对我们的信任，从而为生产加工企业提供良好的原材料信息。"

"另外，我们可以考虑提供其他优质服务打通销路不畅问题，进一步扩大销量、提高市场占有率，"陈总补充道，"电商平台的本质就是为产业链各方提供更多、更优质的服务，因此，在服务这方面，我们理应有所改进。"

"如果魔芋种植技术不当，极易造成软腐病，不但颗粒无收，还可能影响土质。因此，除了要满足地理环境要求外，种植户还需要具备间套、遮阴、起垄芋种消毒和土壤处理等防病栽培技术。否则，势必会影响我们原材料采购规模，威胁上游为加工企业寻找加工原材料的业务。"技术部沈部长略带忧虑地说，"我们可以通过和安州区政府相关部门合作，打消农户顾虑，通过引进外地先进种植技术、举办各类培训班等方式来改变种植户在传统供应链模式下的栽培水平有限、得不到有效技术支持的状况，进而改变魔芋种植户减少种植面积或者改种的情况，这样就可以控制安州区魔芋种植数量逐年减少的现状。对于企业而言，也能为产业链中上游加工企业提供更稳定的原材料信息，优化魔芋产业链。"

"在改善供应链源头基础上，还可以为供应链各节点间提供更多交流与学习机会。"张部长说，"互联网营销有个极大的特点是善于'造节'，无论是'造节鼻祖'淘宝'双十一'购物节、京东'618'，还是不甘落后的唯品会'814撒娇节'，都折射出网络平台在营销领域引导消费、深挖大众文化方面的强大作用与攻势。为此，我们也可以计划在2017年初造一个'魔芋文化节'，以此来推广和扩大魔芋产品的市场接纳度，提升市场需求空间。"

"对，我们已经与绵阳市食品工业办接洽，着手准备成立绵阳市魔芋企业协会，以魔芋单品名义汇聚相关企业、抱团取暖。这样一方面有助于企业相互间进行技术交流，另一方面也便于以魔芋协会名义组织企业集体考察、洽谈业务。"白部长接话道。

会议气氛越来越活跃，陈总欣慰地说道："这些意见都非常有建设性。接下来，我们要全身心地投入工作，大刀阔斧地进行供应链整合！"

五、理想丰满，现实骨感

年底总结大会上，陈总盘点了魔芋网的收获，梳理了几条阶段性成果："一是平台已经整合了接近2000家与魔芋相关的企业；二是通过互联网技术手段优化，我们的魔芋收购量在平台上是第一的；三是平台的个人会员接近5000人；四是交易额——今年粗货交易近4000万元，客户的自由交易200万~300万元；五是平台成交目前主要是以B2B为主，B2C较少。"

陈总话音刚落，所有人都激动地鼓起掌来，连连叫好。

"近半年来，我看到了大家对魔芋网的付出，也祝贺我们取得了理想成绩！但是，魔芋生产这个传统思维根深蒂固的产业，其发展远远落后于其他同类产品的发展与变革，"陈总语重心长地继续说道，"发展到目前，仍然有两座大山屹立在我们面前。首先，我们魔芋网过于重视为精细加工企业提供研发资源而忽视了对国内市场的占领。我们为加工企业提供研发资源的最初目的就是更好地宣传产品，协助精细加工企业更好地销售终极产品。为此，我们花费了大量精力和财力与科研机构一道研发新产品。现有专利申报数量虽然稳居行业第一，我国的加工企业也有了好的产品，但是我们没有投入更多的精力去占领市场，这无疑有点本末倒置了，现在国内市场消费者对价格较高的魔芋产品还缺乏了解，我们只能将精细加工企业的产品远销国外，目前我们企业的销售量和盈利水平都还达不到企业预期，甚至有时还出现亏损状况。因此，如果企业不注重营销，产品再好，不让消费者知道，就做不出大市场！"

大家都点头称是。

陈总继续说道：

"在这个竞争加剧、替代品繁多的信息化时代，买方高居强势地位，企业不能守株待兔，消极等待消费者的偶然发现。要提高市场对魔芋产业的认可度，魔芋网下一步最重要的工作就是在普通老百姓中推广魔芋产品，让大众了解魔芋产品的价值，比如魔芋有降血压、降血脂、降血糖和解酒等功能。目前魔力科技公司已经和武警总院协作，测试魔芋冲剂效果。一旦获得病人数据并进行数据分析，就能找到产品销路的突破点，并整合产业链终极产品销售环节。

"还有一个很严峻的问题，即传统思维对电子商务的排斥。目前魔芋行业资源大多掌握在传统供应链核心节点手中，销售部门进行业务推广过程中，遇到了很多'顽固派'。比如四川某个魔芋协会就很排挤电商，并宣称当地产业办得很好，不需要电商，认为电商是和已有企业抢占利润的，跟它们是竞争关系。在魔芋产业'日子好过'的年代，这些企业竞争压力小，在安州区魔芋产业中稳居龙头老大地位。因此，这些企业认为只要处理好人际关系，生意就能做成，不需要更多技术改进、流程更新和市场开拓。但随着市场开放和竞争加剧，商业模式越来越规范，没有更好的产品、更新的技术，很难再保持高增长，行业风向标的地位也面临着极大挑战，领先优势岌岌可危。

"我们要采取行动，向市场传达电商时代已经来临的信息，无论你是接受或者是排挤，'互联网+'融入各行各业趋势不可逆转，魔芋行业与电商的联姻也势在必行。无论是 B2C 还是 B2B，都能因为信息通畅扩大产品影响范围，增加销量。因此，平台的出现，不是分了魔芋供应链的'羹'，而是为这个产业带来了更多的客户和活力。互联网与传统经济的融合，促进了彼此经济的发展。但是目前魔芋行业缺乏这样的分享平台，尤其是资金、技术、人才流动几乎没有。这两天我反复琢磨，其主要原因，一是因为圈子太小，二是传统思维过于顽固。根据经济发展规律：在某个行业爆炸式增长的时候，往往也是这个行业交流沟通最为频繁的时候。企业都故步自封、死气沉沉，必将导致这个行业停滞不前。因此，魔芋产业链的发展，离不开交流沟通，更离不开交流沟通的桥梁——互联网，而我们魔芋网正是这样一个平台。"

六、尾声

通过单品网上交易构建供应链大数据，建设企业在线供应链服务体系，是魔芋网正在探索的发展道路；分阶段进行资源整合，是其具体的实施方案。陈总对魔芋网充满机遇与挑战的道路满怀信心，决心继续推动魔芋网走向更加美好的"春天"。

【启发思考题】

1. 供应链模式有哪几种？依据魔芋行业的产品特点，应当选择何种可匹配的供应链模式？

2. 什么是资源整合？资源整合对魔芋供应链协调具有怎样的推动作用？

3. 在供应链资源整合过程中，可以采用哪些方法进行整合？企业利用电商平台进行供应链资源整合的优势何在？

4. 深度分析：从传统中介平台到提供增值服务供应链核心节点，魔芋网在这一过程中，是如何运作的？下一步又应当怎样做才能真正实现"魔芋单品网络第一"的梦想？